中国武术史概要

ZHONGGUO WUSHUSHI GAIYAO

余水清 编著

湖北科学技术出版社

图书在版编目(CIP)数据

中国武术史概要/余水清编著.—武汉:湖北科学技术出版社,2006.3（2019.6 重印）

ISBN 978-7-5352-3562-6

Ⅰ.①中… Ⅱ.①余… Ⅲ.①武术—体育运动史—中国 Ⅳ.①G852.09

中国版本图书馆 CIP 数据核字（2006）第 021838 号

责任编辑：谭学军　　封面设计：戴　旻

出版发行：湖北科学技术出版社　　电话：027-87679468
地　　址：武汉市雄楚大街 268 号　　邮编：430070
（湖北出版文化城 B 座 13-14 层）
网　　址：http://www.hbstp.com.cn

印　　刷：武汉中科兴业印务有限公司　　邮编：430071

880×1230　1/32　7.5 印张　150 千字
2006 年 3 月第 1 版　　2019 年 6 月第 5 次印刷
定价：14.00 元

序

武术史是我国传统文化的一部分，武术史和其他史学文化一样，有其萌芽发展和成熟完整的过程。中国武术史就是记载武术的历史演进过程及其规律的一门学科，是中国体育史的组成部分之一，属社会科学的范畴。

武术是一种文化形态，是中国传统文化积淀的产物。武术理论（包括武术史）在其漫长的发展过程中无论是在其本质特征、指导思想上，还是在其行为方式及发展模式方面无不受到传统文化总体环境的影响，因此武术的文化形态既有本身的个性特征，亦有传统文化的总体特征。中国武术史作为武术文化的重要组成部分，就其总体而言，既在武术文化涵盖之内，又有自身的要素和特殊本质。中国武术史是武术文化大系统下的完整的子系统。

武术史是一种特殊的社会现象，用辩证唯物主义和历史唯物主义观察中国武术的历史过程，它的发展无不与同时期的政治、经济、文化发生密切的联系。从先秦出现的技击理论到汉唐、宋元散见于兵书文学史志中的资料，从明代技击理论的成熟到近现代中国武术现代化的大发展，都渗透着各个历史阶段的政治、军事、经济、文化、教育、宗教信仰、风俗民情和人们的心理特征，历史的演变是构成绚丽多姿武术发展历史画卷的根本原因和动力。

武术史作为社会学科的分支和特殊的社会现象，研究的难度较大，要求甚高，因此，在漫长的武术发展进程中，武术史学的研究一直处于初步的原始状态，系统地进行全方位研究还是近代武术理论研究工作者的事。自近代郭希汾《中国体育史》、李影尘《国术史》及至20世纪80年代习云太《中国武术史》等专著问世以来，武术史的研究工作才呈现出百花齐放的局面，特别是近十年以来，不同版本的武术史专著、断代史专著以及专题论文相继问世，史料范围日趋广博，体例形式逐步完善，在许多“史”与“论”的观点上进一步哲理化、科学化和系统化，促使武术史研究水平逐渐深化和发展。

武术史作为一门专门的学问，因其本身特殊的结构特点和存真求实的要求，加之年限跨度大、内容涵涉范围广、多元化理性认识和观点显得异常交叉和复杂，给武术史学编撰者带来了许多误区，有关研究人员多从求全、求深、求新等角度出发，所撰写的往往是内容扩展较广、篇幅延伸较大、洋洋大观的大部头，对有一定理论研究功底的武术工作者较适合，而对广大武术的学习者来说却过于艰深，因此他们问津较少，难以接受。

随着武术运动的广泛普及和发展，特别是武术国际化发展势头良好，广大群众急需一本较浅显而又系统的“简史”来补充武术理论学习的不足。正是基于这一客观现状，余水清同志在《中国武术史略》的基础上撰写了这本《中国武术史概要》，旨在从普及武术史学教育上作点贡献。

余水清同志在编写过程中，查阅了相关历史文献和近现代的各种著作和论文，并较广泛地征求了相关史学专家和读者的有关意见和建议，运用辩证唯物主义和历史唯物主义观点，力求论述简明扼要和系统完整，既坚持史学研究的严肃、客观的学科特点，又在内容结构上尽量达到真实可靠、全面辩证、兼收并蓄的学术要求。本书结合了通史和断代史的特点，从纵的方面考虑了历史发展的先后承袭的客观现实，从横的方面也重点介绍了各历史时期相关的政治、经济、文化、教育、军事等方面的影响和作用，从体系到内容均便于读者在有限的时间内掌握较系统的武术史方面的知识。同时书中穿插了许多武术器械、技法动作的图示资料，有利于通过直观的展示有效提高读者对中国武术的感知与认识。本书适于体育院校、师范院校武术专业、武术馆校高年级学生和中等层次武术爱好者阅读和学习，是一本适合更广泛读者的通俗教材和科普读物。本书作者虽身患重疾，却从未间断武术理论的研究工作，十几年如一日，默默无闻地工作在武术教学科研第一线。特别值得一提的是，该同志在热闹的金牌追逐和现实利益驱动的当今时代，能超凡脱俗从事古纸堆的文史研究工作，其工作态度和奉献精神实属可嘉。我为此书作序，一是推崇作者这种献身武术理论研究的忘我精神，二是倡导武术工作者要关注武术史学的研究工作，因为这是一份不失真谛的文化遗产，我们要发扬光大。希望这本书带来的不仅是史学知识和财富，应该从作者成书的字里行间品味到作者治学的鉴真态度和高度的学识美德。作者书中多有不足和纰漏，恳请武术同仁不吝赐教。

江百龙

二〇〇六年三月

目　　录

WUSHU
中国
ZHONGGUO WUSHUSHI GAIYAO 武术史概要

第一章 导 论

一、“武术史”与“武术”

中国武术史是记载中国武术产生、发展的历史过程及其规律的一门学科。它将依据武术在各个历史时期的演进，考察武术发生、发展的历史进程，揭示其发展规律，阐述武术与其他社会文化现象的关系，以及武术在整个社会发展进程中所处的地位和作用。

围绕中国武术史这个定义，首先要了解两个概念，第一个是何谓历史？古今中外史学家对历史和历史学下过许多定义，有着各种各样的说法，我们可以引用中外两本权威性辞书的表述。《辞海》（1980年版）对历史与历史学（也称史学）分别进行了论述：“广义的历史，泛指一切事物的发展过程，包括自然史和社会史。通常仅指人类社会的发展过程，它是史学研究的对象。……在习惯上，关于历史的记述和阐释，也称为历史。”“史学，亦称历史学。研究和阐述人类历史社会发展的具体过程及其规律性的科学。”《大英百科全书》（1980年版）说：“历史一词在使用中有两种完全不同的含义：第一，指构成人类往事的事件和行动；第二，指对此种往事的记述及其研究模式。前者是指实际发生的事件，后者是对发生的事件进行的研究和描述。”这个定义说明了历史与历史学的联系与区别。历史学是一门历史悠久的学科，可以说自从有了文字记载的历史以来，就有了历史学。我国早在商朝就有了专门掌管祭祀和记事的官员，西周时的太史、内史，春秋时的左史、右史等，都是掌管记事的史官，史官们为后人留下了大量的历史记录或历史著作。以汉代司马迁撰写的我国第一部纪传体通史《史记》为标志，中国的历史学进入了一个新的阶段，从此成为显学。

武术史是历史学中的一个分支学科，她研究和阐述的对象是武术。所以第二个要了解的概念是何谓武术？武术有着几千年的发展历史，但作为一门学科，它的内涵及外延的界限至今都没有得到很明确的确定。由于学科界定不明，所以对于武术的定义也是众说纷纭。

今天在许多人的认识中，武术是一个具有民族形式和特性的现代体育项目。从这个认识前提出发，应该看到它具有现代体育项目一般所共有的属性，这是武术能在当今世界继续存在和发展的基础。但武术又不仅仅是一个体育项目，因为它还具有一般体育项目所不具有和不必具有的功能与特性，它的内涵与结构比一般体育项目复杂得多。应该说，武术是一个多成分多功能的复合体，一个从时间到空间都难以把握其范畴的文化现象。这是难以确定它的学科界限的主要原因，与此相应，也就难以确定它的定义了。我们来回顾一下历史上对武术的多种称呼，诸如：古代曾称“手搏”、“技击”、“武艺”等。近代以来曾称之为“国术”。新中国成立后统称“武术”。

武艺：古代武术的名称。泛指搏人的技能，如“武艺高强”、“十八般武艺”。汉代就已使用此称。《三国志·蜀书·刘封传》：“刘封有武艺，气力过人。”《古今图书集成·闺奇部列传》：“关索妻王氏……精诸家武艺。”唐宋元明各代，武术异名颇多，但武艺一词广为应用，明代趋于统称。戚继光《纪效新书·禁令篇》：“凡武艺，不是当应官府的公事，是你来当兵防身立功杀贼救命本身上贴骨的勾当……若不学武艺，是不要性命的呆子。”何良臣《阵记·教练》：“教练武艺，节剑行列者，总为张胆作气之根本。……故善练兵之胆气者，必练兵之武艺。”清至民国，此称亦多用。

技击：古代指搏斗击刺技术，当今指实战武艺。亦作武术的别名。技击一词出现于春秋战国。齐国把经过考选和训练的士兵称技击。《荀子·议兵》载：“齐人隆技击，其技也，得一益者，则赐赎锱金。”《汉书·刑法志》载：“齐愍以技击强。”清王先谦《尚子集解·杨注》：“技，材力也。齐人以勇力击斩敌者，号为技击。”

功夫：（1）指武术，20世纪70年代李小龙的功夫片风靡海外，因此海外将中国武术称“功夫”；（2）指造诣，《南齐书·王僧虔传》：“天然胜羊欣，功夫少于欣。”武术中是指运动技术水平达到的程度(如某人腿上有功夫)；（3）指武术中的专门技艺（如腿功、鹰爪功等）；武术古谚说："练武不练功，到老一场空"。（4）同"工夫"，指时间和精力。汉《广汉长王君治不路碑》："功夫九百余日"。

国术：武术的异名。近代爱国将领张之江认为武术是国粹、国宝，他在1927年申请把"武术"改为"国术"，以提高武术的重要性，当即获得批准，从此"武术"便改称"国术"，使之与国旗、国歌、国画、国徽齐名。1928年成立中央国术馆，遂正式称武术为国术。这一名称一直沿用至解放前。新中国成立后，改称武术。今港台地区及东南亚一带，仍有人称武术为国术。

20世纪70年代以来我国武术界对于武术的定义有着多种表述。从这些不同的表述中我们可以看出现代人们对武术认识的变化。

《辞海》（1979年版）称："武术，我国民族体育的主要内容之一。是几千年我国人民用以锻炼身体和自卫的一种方法。运动形式有套路和对抗等。套路运动有拳术、刀、枪、剑、棍等单人套路练习和两人以上对打套路练习。对抗运动有散手、推手、长兵、短兵等项。长拳、太极拳、南拳、剑术、刀术、枪术、棍术等列为武术竞赛项目。武术对增强体质、锻炼意志起良好作用。"

《中国大百科全书·体育》（1982）称："武术，中国传统体育项目，具有极其广泛的群众基础，是中国人民在长期社会实践中不断积累和丰富起来的一项宝贵的文化遗产。"

1983年出版的体育系通用教材《武术》称："武术，是以踢、打、摔、拿、击、刺等技击动作为素材，遵照攻守进退、动静疾徐、刚柔虚实等格律，组成套路，或在一定条件下遵照一定的规则，两人斗智较力，形成搏斗，以此来增强体质、培养意志、训练格斗技能的体育运动。"

《中国武术大辞典》（1990）："武术是中国传统的技击与健身技术，是以套路和对抗为基本运动形式的体育项目。"

目前得到武术界大多数人认可的定义是《武术学概论》（1996）的表述："武术是以技击动作为主要内容，以套路和格斗为运动形式，注重内外兼修的中国传统体育项目。"

然而，仍有人认为："体育"这个19世纪末期才进入中国人视野的舶来词，恐怕难以用来定义已经有着千年历史之久的武术。武术中包含的丰富的哲学、兵法学、医药学、美学等内容更是无法用"体育"一词来涵盖。

不论怎样给武术下定义，目前一些基本观点是一致的：武术主要的内容是关于攻防格斗的技击技术；具有套路和对抗两种形式；注重内外兼修，即内修武德精神、浩然之气，外修强身健体、防身自卫之术；是中国传统体育项目。

二、武术史的研究目的

中华晚清启蒙思想家龚自珍说过："出乎史、入乎道"，"欲知大道，必先为史"。意思是说，要从纷繁复杂的历史现象中，探索社会发展的途径，如果要真正掌握事物发展的

“大道”，就必须先去研究事物发展“大道”的历史。古罗马有一名言：“历史是生活的教师。”唐太宗李世民讲：“有史为镜，可以知兴替”。鲁迅先生在《华盖集》中写道：“历史上写着中国的灵魂，指示着将来的命运”。历史犹如一面明镜，它让人认识自己，获得启示，学得经验；历史给人智慧，教人以具有历史深邃感的目光去看待过去、现在和未来。只有深刻地认识过去，才能更好的理解现在，并有助于我们今天正确的进行选择。

研究和探索武术历史的规律，分析当今武术发展的现状，用历史的、科学的观点预测武术未来发展的趋势，不仅能进一步弘扬民族文化之精华，也是武术理论系统化、科学化、民族化、国际化的需要，更是武术专业学科建设之必需。中国武术史是武术专业的基础主干课程之一，是体育院校武术专业教学计划中不可缺少的组成部分。只有吸收前人既得的成果，才能在原有基础上进一步深化和改造，把武术史的理论建设提高到新的水平，促进武术专业学科建设的完善。

三、武术史研究的相关问题综述

现代历史学家章开沅在“走自己的路——中国史学的前途”一文中写道：“我认为，史学的根本、史学的基础是实证。这就是说要从史料工作开始，史料的收集整理考订，是不可或缺的。因为历史学就是研究历史，历史必定有它的客观存在，这个存在的载体一种是文献，一种是实物。当然，文献可能有作者这样那样的主观因素，不能作到绝对的客观，但如果脱离了这些文献——地下的和地上的实物，你怎么从事历史研究？”

武术史的研究同样要借助大量史料。而史料是指研究和编纂历史所用的资料。主要来源有：实物（如考古遗迹）、文字（各种铭刻、文献与著作）和口传（如民歌、口诀）。

武术的实物史料主要是考古发现的石兵、青铜兵器、石刻、砖画等，如在河南出土的汉画像石中，我们可以发现不少有关古代中原武术的珍贵资料，如郑州新通桥出土的“剑戟对刺图”，唐河出土的“击刺图”，南阳出土的“舞剑图”和“空手夺枪图”等，更为独特的是武术的实物史料还包括千百年来言传身教流传下来的技术动作。

武术的口传史料在古代武术中也具有十分重要的作用，由于古代武术缺乏足够的文字记载，口口相传的历史资料和辗转传习的运动技术资料就显得更为重要。

古代武术文献资料，是记述或论评古代武术各专项技法、理论、社会武术活动及发展状况的武术知识的文字载体。它们或是内容完整的成册书籍，或是专论某一内容的单篇论著。其内容主要包括三个方面：第一、关于拳械枪刀等十八般武艺的技术方法、理论阐释、架势演练图形以及兵械制作图形等文字(包括图形)记载；有创编论著，也有辑录、转录或评述他人之作品。第二、关于武术流派的起源、形成及传承关系；民间武术的开展及交流活动状况；有意义的武术事件，有成就的武术人物等记述。第三、各方学者涉及武术的有见地的评述。

古代武术文献资料大致包括刊行的和传抄的两大类。由于历史的原因，在浩瀚的我国古代文献中，武术书藉十分有限，实际上武术书刊的大量出现，主要是近现代以来的事，而且数量相当可观。但是，此类书刊，一是相对集中在几家主要拳种上，地方性拳种有专书行世者并不多；二是绝大多数是套路图解之作，写史与写理论的屈指可数。总之，与武术的历史之久、内容之大相比，它所拥有的文献资料实在相当有限。

另外，武术文献资料存在质量上的问题，比如，在技术方面有讹传、错乱、缺漏、自相矛盾的现象；观念上亦有附会、夸大、怪诞的现象。

中国古代武术文献资料的发展过程经历了先秦、秦汉至宋元、明清三大阶段。

先秦时期的武术论著，我们多是通过诸如《庄子·杂篇·说剑》、《吴越春秋·勾践阴谋外传·越女论剑》等文化论著中的零散论述略见其概貌的。《汉书·艺文志》记载有《手搏六篇》、《剑道三十八篇》为代表的武术专著，虽早已佚失，但毕竟开了武术文论之先河，具有突破性的价值；从现存的关于武术的论述中，我们可以发现先秦时期的武术技理已经具备了相当的水平，可以说是中国古代武术发展史上的第一个高峰时期。如《吴越春秋·勾践阴谋外传·越女论剑》论手战之道："其道甚微而易，其意甚幽而深，道有门户，亦有阴阳，开门闭户阴衰阳兴。凡手战之道，内实精神，外示安仪……”其言精辟入理，深得手战之要。

与先秦时期的发展高峰相比，秦汉至宋元期间漫长的1500余年，却进入了武术论著发展的低谷。尽管武术作为古代军事战争的主要手段仍然在不断发展，还形成了诸如汉代“角抵戏”、唐代“剑舞”的新形态，但在理论方面除了宋代的《角力记》等为数不多的几部与武术有关的书之外，并没有更多有价值的武术专著出现，理论论述与实践发展显得极不平衡。究其原因，恐怕与学术风气的转变不无关系。先秦时期“百家争鸣”的自由学术空气为武术发展提供了广阔的空间，但是经过秦代的“焚书坑儒”、汉代的“罢黜百家、独尊儒术”，后世的学术趋于单一，武术逐渐成为末流之术，难登学术大雅之堂，兼之韩非子“侠以武乱禁”的思想排挤了武术的社会生存空间，使得武术论著的发展举步维艰，难以形成学术上的气候。

明清之际天下一统，经济文化得到了迅速的发展，发达的经济文化水平又带来了出版藏书业的空前发展，为明清武术论者的大量涌现提供了的重要经济和社会基础。武举武学以及抗倭战事成为促进明代武术论著撰写与出版的根本动力。从技术上升到理论也是武术本身发展的必然要求。在前人的不断摸索和实践过程中，中国古代武术有了丰富的技术和实战经验的总结。如何从零乱琐碎、纷繁复杂的实践经验中总结出系统、科学的规律，成为武术家们悉心关注的问题，这也是武术自身发展到新一阶段的必然要求。

为了便于读者全面把握图书馆藏中为数不多的明清武术书籍，我们可以把它们分成七大类：

（1）兵书类：即兵书中所包含的武术专篇。这一类内容中既有创编性很强的武术技理专篇，如明代三大名将戚继光、俞大猷、唐顺之在他们的军事著作中所论述的武术技理,如戚继光的《纪效新书》、唐顺之的《武编》等；也有辑录、转录、评述和记述性的武术专篇。如茅元仪在《武备志》辑录了《纪效新书·拳经》和三十二式拳图；辑录《纪效新书·长兵》和枪势图；辑录《少林棍法阐宗》；收录“隐流刀法”和“辛酉刀法”及刀势图十五式等。

（2）武术专著类：即系统的、独立成册的、纯武术技理专著。如程宗猷的《耕余剩技》中《长枪法选》创枪法图十八式；《少林棍法阐宗》创棍法图五十五式；《单刀法选》创刀法图三十四式。张孔昭述、曹焕斗注《拳经拳法备要》记述少林寺拳法，通论长拳短打，有拳图二十四式。王余佑《十三刀法》论刀十三法：劈、扎、提、缠、抽、截等。关于这一类论著，需要另加说明的是：《耕余剩技》、《手臂录》等书，虽是武术技理专著，但在全国统一编目的《中国古籍善本书目》中，是列在“子部·兵家类”，作为兵书来列目的。

（3）文集类：文集中所含创编或辑录的武术论著专篇。唐顺之《唐荆川文集》辑有“峨嵋道人拳歌”、“杨教师枪歌”、“游嵩山少林寺专文”、“日本刀歌”等；俞大猷的文集《正气堂集·余集·卷四》中有他的精论棍法之杰作《剑经》。

（4）类书类：各种类书中辑录有关武术文献的。《续文献通考》、《三才图会》、《古今图书集成》是明清时期的大型类书，书中辑录了不少的武术内容，如《三才图会》中辑录了拳法图三十二式、枪法图二十四式、棍法图十四式、藤牌图八式、狼筅图八式、以及射法图四式，以上内容均转录自《纪效新书》。

（5）武术史类：有关武术发展源流的内容。如清代学者黄宗羲撰写的《王征南墓志铭》中记武术家王征南生平事迹，述内家拳源流；曹秉仁在《宁波府志·张松溪传》中记述明嘉靖时人张松溪在浙东四明一带传内家拳以及内家拳系的各代传人。

（6）兵械记类：记录兵械形制、特点的。李承勋的《名剑记》记述古代多种名剑；王暐在《兵仗记》中记述历代枪刀等多种兵器，但是有文无图。

（7）杂记艺文类：杂记小品文丛中有关武艺的记述。朱国祯《涌憧小品》有“武艺十八事”记载，并述及“白打即手搏之戏”。《艺舟双楫·记两棒师语》的作者为论述书法，借二位友人论拳枪之理，称武道深合书道，从而留存下拳、枪技法之精论。

明清武术书籍目前在各类武术辞典中列出的有60余本，不包括民间私传的秘本、手抄本，但是，全国几大图书馆合起来都难以凑全，所幸民国年间有过部分再版书籍；改革开放以来，部分武术古籍也有了再版书，如：《武编》、《纪效新书》、《练兵实纪》、《阵纪》、《耕余剩技》、《武备志》、《登坛必究》、《五杂俎》、《涌幢小品》、《手臂录》、《拳经拳法备要》、《苌氏武技书》、《太极拳谱》、《陈氏太极拳图说》、《剑法真传》等。

近代是武术资料出版的一个高峰期，不仅出版了大量的拳种套路的书籍，而且，当时的中央国术馆还创办出版了《国术周刊》、《中央国术旬刊》、《国术统一月刊》等武术刊物，有关武术史的研究也得到较好的发展，如郭希汾的《中国体育史》、李影尘的《国术史》、唐豪的《少林武当考》《中国武艺图籍考》《太极拳与内家拳》《太极拳史的研究》以及徐哲东的《国技论略》等。

现代的武术史研究主要集中在近20年，从20世纪80年代初期习云太出版了第一部《中国武术史》之后，陆续有人不断撰写武术史专著，如林伯原的《中国武术史》、中国武术院组织编写的《中国武术史》、马明达的《说剑丛稿》等。

20 世纪90年代开始，全国各体育院校、师范院校、甚至一些综合性大学都陆续建立了武术专业，武术史作为武术专业的主干课程受到重视，武术史的研究成为武术科学研究中的有生力量。

中国武术源远流长，可以说它几乎与我国的文明同时问世，其历史之长是任何一个体育项目无法比拟的，加强武术史研究无疑有助于我们更好地认识武术、研究武术、促进当今武术的发展。

第二章　史前传说至三代时期武术的源起

人类有文字记载以前的历史统称为史前史。通过考古学我们知道，人类是从一种古猿演变而成的。大约经历了1000多万年的时间，人类才从古猿分化出来。武术的源起可以追溯到史前时期，经过了一个漫长的进化演变的过程，到夏商周时期，即我们常常所说的三代之时，中国武术才有了自己初步的形态。

一、武术的源起与原始人群石器、骨器、木器的制造和使用

中国武术的源头，可以追溯到中国原始社会的生产活动中去，以狩猎为主的原始人，在同自然界的斗争中，为了在恶劣的自然环境中生存下来，不仅逐渐练就了徒手擒杀野兽的本领，而且创制了大量的具有尖锋利刃的生产工具，并逐渐掌握了使用工具同野兽搏斗的技能(见图2–1)。

中国境内目前所发现的最早人类是元谋人，距今大约170万年，发现于云南省元谋县，元谋人已经能够制造简单的石器。然后是蓝田人，距今大约100万年，发现于陕西省蓝田县，蓝田人能够制造石器和使用火。北京人，距今大约50万年，发现于北京周口店龙骨山，北京人遗址中发现数以万计的石器，有人

图2-1 丁村人狩猎复原图

工打击制作的痕迹，使用的原料有脉石英、砂岩、石英岩、燧石、水晶等，类型主要有砍砸器、刮削器、尖状器，制造加工比较精致、形制固定。此外还有石核、石片、石锤、石砧、雕刻器、石锥、石球等（图2-2）。遗址还显示北京人已经能够保存火种。

图2-2 北京人石球

丁村人，距今大约10万年，发现于山西襄汾县丁村附近的汾河两岸。丁村人形态介于现代人和猿人之间，其门齿具铲形特征。丁村人的石器较粗壮，石器类型有砍砸器、刮削器、尖

图2-3　丁村人石球

状器、石球等。石器原料主要为角页岩，属石片石器系统。丁村人的时代为旧石器时代中期。目前，我国旧石时代中期的文化主要以丁村文化为代表。丁村遗址是我国最重要的旧石器文化遗址之一。遗址中发现石球百余枚（图2-3），其中的一些石球被现代学者们认为是用于制造绊兽索的。古代绊兽索一般是由木杆、绳子、石球组成，或者不要木杆仅用绳索绑住石球石块，与武术器械中的流星锤有直接的渊源关系，与飞钩、飞挝、飞抓等软兵器的出现与演变也有着密切的联系。

二、原始战争推动了兵器的发展和军事战斗技能的产生

进入氏族社会后期，随着社会生产力的发展和私有制的萌发，原始战争日益频繁起来，人与兽斗争的工具和技能开始转化为人与人斗争的工具和技能了。中国武术也开始脱离生产活动而在适应原始战争的需要下逐渐转化为独立的社会活动。过去的生产工具转化为人们互相残杀的武器，生产技能也随之转化为军事武艺。

新石器时代晚期，从工具转化而成的兵器，已经初步构成进攻性兵器的几个主要类型。

远射兵器：弓箭和用“飞石索”投掷的石球。

格斗兵器：棒、锤、矛、比首、戈、钺等（图2–4，图2–5）

图2–4　石匕首

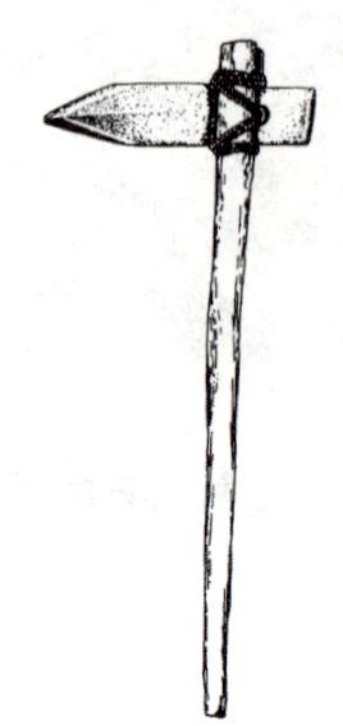

图2–5　原始戈

兵器类型及其功能，决定了其使用方法。

为了应对进攻性兵器的威胁，原始的防护装具，即用藤、木、皮革等制成的盾和甲胄等便在战争中出现了。

早在原始部落之间发生大规模战争之前，原始先民之间便为争夺头领地位而展开争斗。至原始社会末期，氏族之间出现了战争，形成原始部族之间有组织的战斗，更加速了原始武术的形成。《吕氏春秋·荡兵》说：“未有蚩尤之时，民固剥林木以战矣。”又说：“争斗之所自来者久矣，不可禁，不可止。”

大量古籍传说描述了黄帝与炎帝的战争、黄帝与蚩尤的战争、夏禹伐九黎和三苗的战争等等，如《史记》：“轩辕之时，神农氏世衰，诸侯相侵伐，暴虐百姓而神农氏弗能征，于是轩辕乃习用干戈。”干是作战时防御的盾牌，戈是进攻的武器，干戈是兵器的总称，是古代战争的象征，习用干戈，即是训练部落成员的军事技能，以应付战争。《越绝书》载：“黄帝之时，以玉为兵。”在《山海经》中还记载有这样一则神话故事：“刑天与帝至此争神。帝断其首，葬之常羊之山。乃以乳为目，以脐为口，操干戚以舞。”说的是刑天与黄帝争夺神位，脑袋被砍掉了，他却以两乳为眼，肚脐为嘴，一手拿盾，一手持斧继续拼斗，这个神话表现出中华民族不屈不饶的勇敢精神。

众多传说中，蚩尤是最著名的“战争之神”，古代传说把许多武器的发明归功于他。《山海经》：“蚩尤作兵伐黄帝。”《世本》载：“蚩尤作‘五兵’：即戈、殳、戟、酋矛、夷矛。”《龙鱼河图》说他“铜头、铁额”。《述异记》载：“蚩尤氏耳鬓如剑、戟，头有角，与轩辕斗，以角抵人，人不能向。”这表明蚩尤不仅是许多兵器的发明者，还是徒手搏斗的英雄。这也表明原始战争不仅有力地促进了器械的制作及技术的发生、发展，对徒手的擒、拿、摔、打等战斗技能的产生也有着巨大的促进作用。

三、矛箭的发明与周代射礼

旧石器晚期，人们在制造复合工具方面发明了弓箭，弓箭的发明可能来源于矛的投掷以及受到树枝弹力的启示。据考古发明证明，我国在距今3万年左右就有了弓箭。弓箭的出现在狩猎经济中具有非常重要的意义。正如恩格斯指出的："由于有了弓箭，猎物便成了日常的食物，而打猎也成了普遍的劳动部门之一。弓、弦、箭已经是很复杂的工具，发明这些工具需要有长期积累的经验和较发达的智力，因而也要同时熟悉其他许多发明，……弓箭对于文明时代一样，乃是决定性的武器。"

弓箭的出现则有了"射"的概念，它的技术包括搭箭、拉弓、瞄准、撒放、收势。弓射的技术不仅是重要的劳动本领，也成为古代战争中的重要军事战斗技能。

弓射的技术发展到西周之时，人们不仅仅把它当作战斗技能，而且上升为"射礼"。

所谓"射礼"，就是把射箭当作一种礼。"礼"是人在社会生活中必须遵守的一些规矩、法则。在周代，人们对射的崇尚，来源于上古氏族社会的军事教育。射，指射箭技术的训练，射是征服野兽、抵御外敌的重要手段。商代对内镇压奴隶，对外征伐掠夺，拥有庞大的军队，射、御等军事教育在学校中占有重要地位。至周代，文王之子、武王之弟周公在继承殷礼的基础上"制礼作乐"；在尊礼思想指导下，周人创制了射礼。统治者重视武力建设，射术为选士标准之一。

周代把射礼分为四类。大射：是天子、诸侯举行盛大祭祀之前所举行的射礼；宾射：是诸侯朝见天子，或诸侯互相朝拜时举行的射礼；燕射：是天子、诸侯待宴会时的射礼，其用意是欢聚、共商以示团结；乡射：为乡大夫举行饮酒时举行的射礼。

射箭虽然现在已经不属于武术范围，但是在古代却与武术有着密切关系，实为古代武术的一部分。

四、周代“六艺”教育与武术

周代教育以“六艺”为主要的教育内容。“六艺”是指礼、乐、射、御、书、数，其中礼、乐、射、御都与古代武术相关连。

“礼”是奴隶社会的行为法则、规范、仪式的总称，是严格遵守奴隶社会的等级、名分、上下、尊卑和礼节的教育。西周之时十分重视射，把射作为礼的一种，称之为“射礼”。

“乐”是音乐、诗歌、舞蹈等。“舞”，属于乐的教育，学生十三岁舞勺，十五岁舞象，二十岁舞大夏，勺、象、大夏都是舞的名称。勺是文舞，是徒手或持羽、旄等轻物的舞蹈。象、大夏、大武等是武舞，是手持盾、剑等武器，作击刺等动作、象征作战情节的舞蹈。

“射”是射箭的技能。当时的射箭教授五种技术，称为“五射”。

(1)“白矢”——“白镞至指也”，拉弓时要使箭头碰持弓的手指。

(2)“参连”——“先发一矢。三矢夹于三指间，相继拾发，不至断绝”，这是持箭连射的方法，当时射箭比赛是每人射四箭。

(3)“剡注”——“谓矢头剡处直前注于侯(靶)，不从高而下”，是瞄准的方法。

(4)“襄尺”——“谓平其肘，使肘上可置杯水”，是拉弓的姿势，拉弓的臂要保持水平。

(5)“井仪”——“开弓满似井形也”，弓要拉满呈圆形，是力量的训练。

而在我国第一部诗歌总集《诗经》里，也有许多关于射的诗句。《诗经》分为《风》《雅》《颂》三大类，皆为周代的作品。在《风·猗嗟》一诗中这样赞美少年的射技：“……终日射侯，不出正兮，……舞则选兮，射则贯兮，四矢反兮，以御乱兮。”

“御”是驾驶战车的技能。御的训练也包括五种技术，称为“五御”。

(1)“鸣和鸾”——和、鸾是铃的名称，和铃系于车的轼上，鸾铃系于车的衡上，车行时要使和鸾二铃音响和谐。

(2)“逐秋水”——随水势的屈曲而行，不堕于水中。

(3)“过君表”——御车向辕门直入，中而不偏。

(4)“舞交衢”——行驶在十字路口时，车旋转合于舞蹈节奏。

(5)“逐禽左”——打猎时，使车的左侧向着禽兽。

五、原始的军事训练活动与武舞

从目前的各种文字资料和考古资料来看，原始的军事训练活动是以武舞为主要形式。

武舞源于人与兽斗和人与人斗，它最初是狩猎或战争场面的再现，但随着原始战争的发展，武舞就逐渐成了部落军事训练的内容。为适应原始战争的需要，原始人群要作战斗的演习操练，以熟悉战斗的击刺动作和应有的群体组合，于是原始人群中萌生了武舞。原始武舞与原始武术实为一体，舞者手执各种武器，作种种击刺动作姿势的演练。《山海经》："大乐之野，夏后启于此舞九伐。"《礼记》："一击一刺为一伐"。武术在这一时期，不仅有简单的单个技术，如劈、扎、刺、砍等，而且有一击一刺的连续演练。数十年前还处于原始社会末期的一些少数民族，也有类似的武舞，如：20世纪初还能见到的我国羌族的"跳盔甲"，傣族的单刀舞、棍舞等，布朗族的刀舞，景颇族的盾牌舞以及澳大利亚东南部的战争舞等，还能再现原始的军事训练活动方式。

我国先民的武舞不仅是武术击刺的演练，也还有武艺表演而达到宣扬武威的作用。古籍记载虞舜时期，三苗族反叛，舜帝三次打败他们，仍不降服。后来禹带领军队表演手执巨斧与盾牌的"干戚舞"给三苗看，这个武舞表现出的威武雄壮的气魄和高超的武功使三苗既感动又害怕，终于降服。在现今存留的我国各地原始岩画中，也可看到一些原始武术的图像，如云南沧源原始岩画中有一幅画面，战士成横列状，右手高举短戈，傲然挺立；还有一画中多人一手执方盾、一手执两端粗中间细的武器，双腿弯屈呈马步下蹲式。

这是现代能够看到原始武术形象的一个生动例证。

周武王伐纣时，“击刺之法”配上音乐，称为“舞象”。随后，又以灭商时的战争场面为题材，编了一种“大武舞”，歌颂周武王的战功。这个时期的武舞，固然有表达思想情感及娱乐性，但同时也有着习武健身的实用性，而武舞的动作组合与武术套路更有许多一致性。《荀子·乐论》就着重指出：手执干戚的武舞，不仅能习武健身，而且还可用于征战。这充分肯定了武舞具有武术的实战性。

在原始巫术活动的舞蹈中，武舞也占有重要地位。人们在狩措、战事等活动之前或之后，要跳武舞，幻想以这些击刺杀伐的动作，来产生一种超自然的力量，以“战胜”对手和敌人。原始宗教的主要形式巫术与图腾崇拜，也常凭借原始武舞来体现。《说文》载：“巫，巫祝也。女能事无形以舞降神也。”说明巫就是以舞降神。图腾武舞是原始部落祭祀活动的重要内容，人们以表现战斗的舞蹈来供奉祖先神灵。

六、三代时进入青铜器时代，出现了铜制兵器

三代(夏、商、周)时进入青铜器时代，原始的石、骨、木制兵器向青铜器转化，青铜器的出现，极大地促进了武器的变化与发展。随着青铜业的发展，有了长兵、短兵、远射器、防御武器之分。以北京昌平出土的白浮西周墓中的一组武器为例，远射武器有弓；长柄的格斗武器（长柄长约2~3.2米）有：戟（戈、矛联装）、戈九种、矛二件、钺一

件；卫体的短兵器有：剑四柄、匕首一把、铜斧二把。戟是长柄的格斗武器，中国古代将矛和戈合为一体的格斗用冷兵器，由戟头和戟柄组成。戟头以金属材料制作，戟柄为木、竹质。戟最长可达3米多，既能直刺、扎挑，又能勾、啄，是步兵、骑兵使用的利器。早期使用的戟是青铜戟，以后随着科学技术的发展出现了铁戟。

下面我们通过几个三代时期的青铜兵器来了解这个时期的兵器发展情况。

图2–6　商代青铜矛

商代青铜矛（图2–6）。击刺兵械，通长20.3厘米，宽5.2厘米。圆形銎口，矛身较长，呈叶状，中部起脊，两刃基部稍向外张（1950年河南省安阳市殷墟武官村出土）。

商妇好大铜钺（图2–7）。钺即斧，中国古代用于劈砍的格斗冷兵器。由斧身和斧柄组成。斧身为石质、铜质或铁质，斧柄为木质。钺与斧形制相近，区别是钺形体薄、刃部宽且成圆弧形。钺主要是作为军权的象征，所以钺大多铸造精良，钺身上刻有人面或兽面纹饰，形象狰狞而华美，给人一种威慑力。

图2–7　商妇好大铜钺

商代青铜戈（图2–8）。钩击兵械。三只戈各长27.6厘米，均为直援微弧，上面分铸有铭文（辽宁省博物馆藏品）。

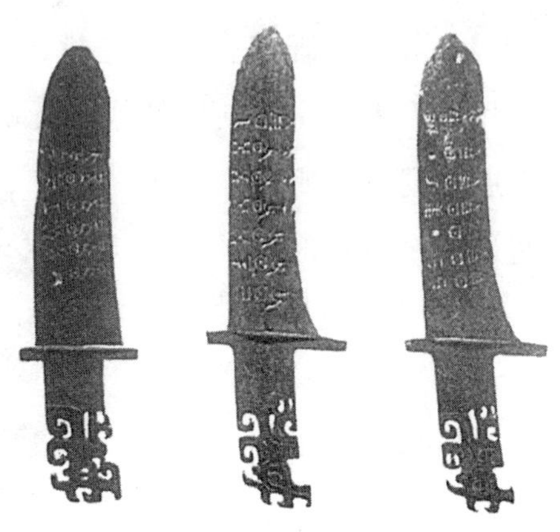

图2–8 商代青铜戈

商代青铜蛇头剑（图2–9）。击刺形兵械。通体长36厘米，刃宽3.5厘米。中间有棱，前锋呈舌状，柄端作蛇头形,蛇口中间有活动的舌，是当时北方草原民族特有的武术器械（1965年陕西省绥德县焉头村出土）。

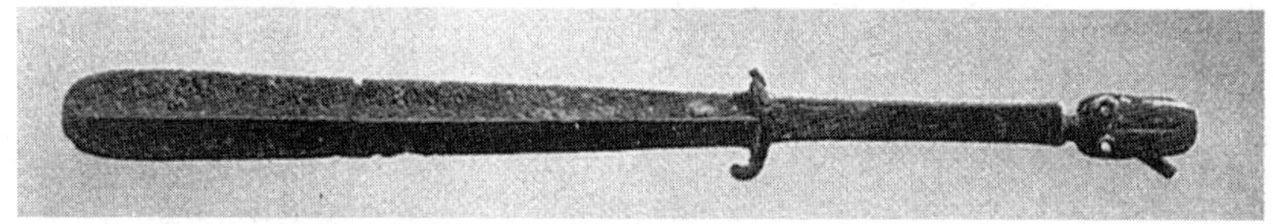

图2–9 商代青铜蛇头剑

第三章 春秋战国时期武术的初兴

历史学家们常常把周朝称之为西周，而把西周失去控制四方诸侯力量、分裂成一百四十多国的动乱时期称之为东周列国，即春秋时代。春秋之时列国争霸，相互吞并，种种政治力量分化改组，最后只剩下燕、赵、韩、魏、齐、楚、秦七个大国，历史进入了战国时代。春秋战国时期是指公元前770 年至公元前221年，这一时期是奴隶社会向封建社会转变的时期；是一个群星璀璨百家争鸣的时代；铜矿的开采和矿石的冶炼达到空前的规模，步入铁器时代，出现铁兵器，兵器的种类和性能都发生了新的变化；随着战争规模的扩大，车战向步骑战过渡，军队的武器装备和训练都发展了变化，弩已普遍装备了步兵。

战国时期，战争频繁，参加战争人数众多，所以士兵体质强弱与技能高低往往成为军队战斗力强弱的重要因素。当时，为了适应作战需要，各国对士卒都加以训练，主要是锻炼胆量、体力、拳脚。

班固《汉书·艺文志》载："齐愍以技击强，魏惠以武卒奋，秦昭以锐士胜。"管子治齐尚拳术，后来孙膑到齐国又提倡拳术，所以战国时齐人独以技击著名。魏国创立了选拔武卒制度，要求武卒必须具备多方面的战斗技能。秦兵叫锐士，秦国非常重视选拔有拳勇的人，有而不报，就是埋没人才，要给予惩罚。由于各国诸侯大都崇尚武功，极大地促使了这一时期军事武技的发展。这一时期还是剑道发展的鼎盛时期。

一、剑的制造精良，出现众多名剑

剑的起源是个十分复杂的问题，至今学术界无定论。根据考古发现，基本可以确认西周初期有剑，但那是一种长度仅十几厘米或二十几厘米的又可称为“匕首”的短剑，同春秋后期兴起于吴越的剑明显不同。对剑的来源有两种意见，一种意见强调这种短剑的出现同北方游牧民族有关，认为中原佩剑之风显然受西北游牧人的影响；另一种意见认为剑在石器时代就已见端倪，商代已有铜制短剑，西周短剑是其延续。

剑到了春秋之时才正式发展成为一种重要的兵器，剑的击刺技术也才真正臻于成熟。春秋之剑较短，主要是青铜制品。到春秋末期，在吴、楚地区开始出现钢铁剑，如著名的湖南长沙杨家山六十五号墓中出土的钢剑。到了战国，剑身普遍加长，青铜剑虽然仍占主要位置，但钢铁剑已经与日俱增。春秋时代的剑一般在50厘米左右，个别也有60厘米稍长者；而战国剑则常常在70～100厘米左右，个别还有长达100厘米以上者。

剑身由短而长的变化，原因大致有三个。春秋以前，作战以车战为主，车战所用兵器以长兵戈、矛、戟为主；短小的剑对战车上的甲士而言，无直接斩杀之用，主要用途是“防检非常”，即用于防身，用于弃车后的短兵相接。到了战国，骑战步战大大发展，剑的位置便骤然提高。这时，为提高杀伤力，剑体需要加长。这是其一。经过长期实战应用，剑的实用技术趋于成熟，技术的发展也要求剑身加长，并进而要求剑的形制多样化，以适应不同技术的需要。这是其二。其三，冶金锻铸工艺的突飞猛进，特别是铁兵取代铜兵的重大变革，使大大提高其坚韧度以延伸剑身成为可能。

长剑是短剑的延伸，春秋短剑以吴、越制作得最精，为世人“柙而藏之，不敢用也，宝之至也”。实用技艺也以吴越最发达，汉代民谚说；“吴王好剑客，民人多剑瘢。”就是最好的写照。而《吴越春秋》中越女关于剑技的那一段人所熟知的议论，乃是先秦剑论惟一传存下来的文字，境界之高妙，至今令人品玩不已。从目前的出土文物来看，长剑首先出现于楚国。楚国的长剑应当是在吸收了吴、越的冶金技术和击剑技艺的基础上发展而来的。春秋末期，越灭吴，楚又灭越，楚国拥有了吴、越广大地区，直接吸取了吴越的优秀文化，举世瞩目的“越王勾践自作用剑”等吴越宝剑，不断出土于战国楚墓中，就是这一承袭关系的明证。所以，及至战国时代，楚国的长剑便独步于列国，成为天下瞩目的利器。

楚人称长剑为“长铗”。“长铗”就是长柄，是以长柄

代称长剑。屈原所谓“带长铗之陆离”，就是指这种长柄剑。楚国的长剑考古发现了很多，解放初，在湖南衡阳出土了楚国铁剑十四柄，其中最长者140厘米，几乎是现代一般表演用剑的一倍长。从一般格斗原理上推想，长柄剑既可以刺，又可以双手挥杀，更加适用于步骑战中的搏杀。

近年来，在考古发掘中获得的“吴王光剑”、“吴王夫差剑”、“越王勾践剑”、“越王州句剑”等皆完好如新，锋刃锋利，制工精美，反映了吴越工匠铸剑的高超水平。吴越之名剑还有鱼肠、属镂、湛卢、豪曹、步光、龙渊、工布等。以其铸剑而闻名于世者有欧冶子、干将、莫邪等人。

吴王光剑（图3–1），1974年庐江县汤池镇出土。1974年，安徽省庐江县汤池公社边岗大队开挖水渠时，在距地面一米多深处，发现吴王光剑一把。剑长54厘米，无锈、有光泽。茎(剑柄)做椭圆柱形，上有两道箍棱，剑首出土时被毁损，剑格较宽厚，上有镶嵌绿松石花纹，绿松石已脱落。近格处错金铭文为:“攻吾王光自作用剑，恒余以至克战多功”。在已发现的古剑中铭文最多。当时吴国的古铜兵器以其精良冠绝天下，这把吴王光剑是一件不可多得的艺术珍品。现存安徽省博物馆。

图3–1　吴王光剑吴王夫差剑

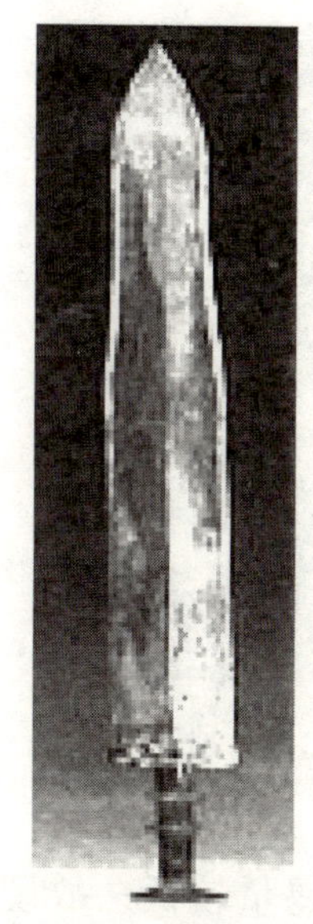

图3-2 吴王夫差剑

吴王夫差剑(图3-2)。据目前所知，传世或出土的吴王夫差剑共有六把，内地存有五把，最早的一把传为河南辉县出土，现藏中国历史博物馆。山东省博物馆也藏有一把。其余三把分别于六七十年代出土于河南辉县、洛阳及湖北襄阳，目前所藏不详。第六把即为台湾古越阁所藏，购自香港。六把剑的铭文内容相同，字型结构各异，但只有古越阁所藏保存完好，器型外貌也以此剑为最精(台湾古越阁藏)。

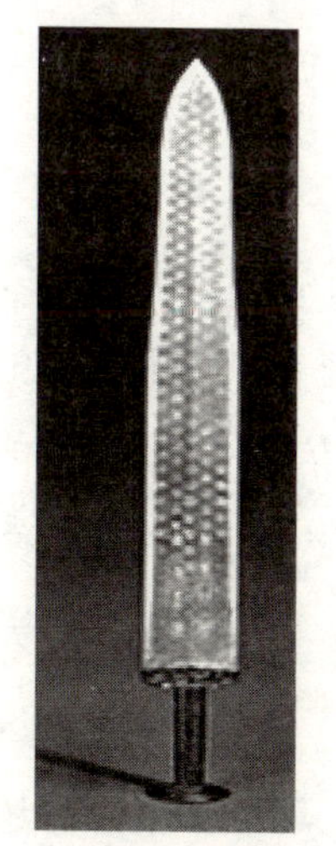

图3-3 越王勾践剑

越王勾践青铜剑（图3-3)。1965年12月出土于湖北省江陵望山的一号楚国贵族墓（距春秋时代楚国别都纪南城故址7千米)。青铜剑与剑鞘吻合得十分紧密。拔剑出鞘，寒光耀目，而且毫无锈蚀，刃薄锋利。试之以纸，20余层一划而破。剑全长为55.6厘米，其中剑身长45.6厘米，剑格宽5厘米。剑身满饰黑色菱形几何暗花纹，剑格正面和反面还分别用蓝色琉璃和绿松石镶嵌成美丽的纹饰，剑柄以丝绳缠缚，剑首向外形翻卷作圆箍，内铸有极其精细的11道同心圆圈。

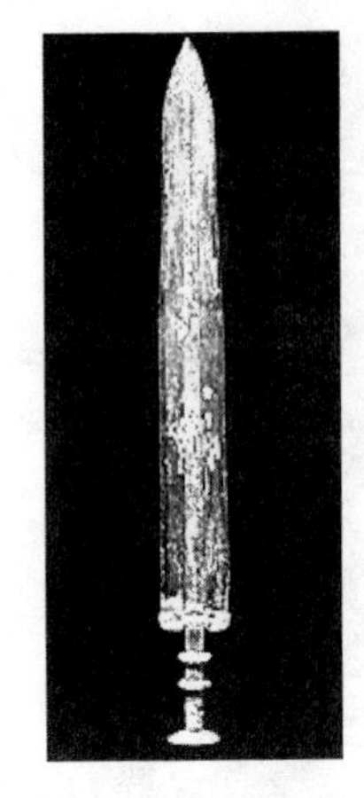
图3-4 越王州句剑

越王州句复合剑（图3-4）。此剑是迄今发现的越王州句剑中，惟一用复合技术铸造的一件，被誉为越王州句剑之最。中华人民共和国国家文物鉴定委员会鉴定其为一级文物。

越王州句，乃勾践之曾孙，在位长达30余年，为越王勾践灭吴王夫差后国势最强、武功最为显赫之君王。

此剑运用了复合铸剑技术。此为秦汉时已失传之工艺科技。剑之中脊及两刃由不同成分之青铜嵌铸而成。中脊含锡量较低，故硬度低而韧性高，使剑不易折断；两刃含锡量较高，故硬度高，可提高杀伤力。

二、佩剑之风盛行，形成了这一时期的“剑崇拜”

从春秋末期到两汉间的数百年间，长剑短剑并世而存，形成了为士大夫所尊从的“剑崇拜”，司马迁在《史记·太史公自叙》将论剑与兵法相提并论，说：“非信廉仁勇不能传兵论剑，与道同符，内可以治身，外可以应变，君子比德焉。”太史公将“论剑”提高到“与道同符”的高度，认为“论剑”是一门“内可以治身，外可以应变”的大学问，这显然就是汉以前称剑技为“剑道”的原因，其所指已远远超出了剑的临战击刺之效，而是在讲剑所代表的人文精神，讲剑的特殊的文化内涵和社会教化功能。这种观念对后世产生了深远的影响，后来的中国士人往往书剑并举，以剑比德，显然就是太史公这一理念的延续。这个时期可称为我国历史上剑的鼎盛时代。

《史记·秦本纪》载的“简公六年，令吏初带剑。”这一年是公元前409年。相同的记载又见于《史记·六国年表三》：“(简公六年)初令吏带剑”。另外，《史记·秦始皇本纪》后附的《秦纪》中也有简公“其七年，百姓初带剑”的记载。战国之初的秦简公时期，曾以政令形式要求官吏佩剑。《史记》对同一件事的重复记载，表明司马迁对这一历史事件的郑重程度，说明对秦国来讲，这是一件意义深远的事情。秦简公接连令吏带剑，今百姓带剑，着眼点就在剑本身。一个“初”字，说明在此之前秦人没有佩剑习惯，或是秦的法律不允许带剑。一个“令”字，又说明这是以政令方式强力推广剑的佩带，是在努力引进吴、越和楚国的先进兵器和战斗技艺。对秦国来讲，这是一项非常重要的改革措施，其意义不亚于后来赵武灵王的“胡服骑射”，所以太史公才二次加以载述。

剑的引进并不是特别艰难的事，难的是剑技的普及和提高。秦简公的两条命令，目的就是在秦国营造一个适宜剑发展的环境，借以提高秦国剑的综合水平，终极目的是要军队掌握这种当时最先进的兵器及其击刺技术，以提高军队战斗力。

历史上著名的“荆轲刺秦王”的事件就是一个关于佩剑和长短剑之用法的最好例子（图3-5）。

图3-5　荆轲刺秦王

战国末期，秦王嬴政不断派军队蚕食齐、楚、韩、魏、赵等国。公元前228年，秦国的军队攻下赵都邯郸（今河北邯郸），俘虏了赵王迁，并一直打到了燕国的南部边境，直接危及到燕国的生存。燕国的太子丹派荆轲作刺客，由燕国的勇士秦舞阳陪同，带着秦王的仇家——樊于期的头和燕国土地最肥沃的地方——督亢地区（今河北固安县西）的地图，密藏用毒药淬过的锋利匕首来到了秦国。之后，荆轲先把带来的价值千金的珠宝送给了秦王宠臣蒙嘉。通过蒙嘉的帮助，使得秦王同意在咸阳宫接见荆轲和秦舞阳。

接见的这一天，荆轲捧着樊于期的头在前，秦舞阳捧着地图匣相随在后。刚进入秦宫，秦舞阳竟害怕得脸色发白，浑身发抖。秦国的大臣都感到很奇怪。荆轲回头看了看秦舞阳，笑道；“他住在偏僻的北方，没有见过天子，因此害怕，请你们不要见怪。”秦王便叫荆轲把地图献上来。荆轲从秦舞阳手中接过地图匣，取出地图，恭恭敬敬地献给秦王。秦王将地图徐徐打开，最后，卷在地图中的匕首露了出来。后来人们常引用的“图穷匕现”即由此而来。

当时荆轲携带的是一柄匕首，“匕首”一词，始见于东周晚期的文献，至汉代已经通行。《史记·吴太伯世家》载：“手匕首刺王僚。”《通俗文》云：“其头类匕，故曰匕首也。”《汉书·邹阳传》唐颜师古注也说：“匕首，短剑也。其首类匕，便于用也。”可见，匕首是一种短剑。“匕”是中国古代的青铜食器，类于后世之匙。在最初，“匕首”只是特指一种“其首(头)类匕”的短剑，因而得名。之后，则演变成了对形体最短之剑的通称，其长度一般不超过40厘米，大多在20~40厘米之间。

由于器形短小，匕首始终不是在战场格斗的主要兵器，一般只用于防身卫体。然携带方便，易于藏匿，或掖于腰间，或藏于怀袖，甚至可以插于靴筒内，不露痕迹，而足以自恃，因此颇受人们喜爱。考古发现和传世的一切古代匕首实物，制工精湛，装饰华美，既是贴身携带的自卫兵器，也是颇堪把玩的玲珑之物。也正是因为器形短小、易于藏匿，所以匕首经常被刺客用于暗杀。荆轲将匕首藏于图匣之中，就是为了刺杀秦王政。《史记·刺客列传》载，秦始皇猝然遇刺，“拔剑，剑长，操其室。时惶急，剑坚，故不可立拔。”亏得左右提醒“‘王负剑！’负剑，遂拔剑以击荆轲，断其左股。”在秦王的七尺长剑面前，荆轲一掷不中，便成空手，无能为力，只有听凭宰割。而秦始皇却正是由于佩剑，在荆轲刺其之时，以长剑自救，才免于一死。秦始皇使长剑的威力通过这一惊心动魄的历史事件表现得淋漓尽致。

三、击剑活动的普及与剑术理论的发展

吴、越和楚国是剑的勃兴之地，不仅铸剑水平天下最高，而且击剑水平也是最好的。春秋战国以后数百年，一直到了汉代，吴地人民还保持着“尚勇轻死”的风俗，荆楚故地多“奇材剑客”。这是因为吴、越和楚国有喜好击剑的传统。

这一时期不仅有大量依附于贵族、官僚为生的剑士，而且还有专以传授剑法为业的武术家。《庄子·说剑篇》中有“赵文王喜剑，剑士夹门而客三千余人”的故事。剑士也就是凭借个人技勇充当为人效命的打手，是以武技谋生和寻求进身之机的没落武士。他们是受过专门训练的剑术家和手搏家，技艺的高低，对其个人的名望境遇都至关重要。因此，这些人在提高技艺上舍得下大功夫，而且十分重视这种特殊技艺的薪传接续，他们对武艺的总结、提高和传播必定有相当的贡献。这些人开创了我国几千年来民间私家传授武艺的风气，他们的出现，实际就是民间职业拳师的出现，是春秋战国时代剑道走向成熟的又一标志。

我们从古文献中可以得到一些短、长剑并存的史实。剑既有短、长之别，那剑技家们必然会根据个人的传授、功

力、尚好而有所选择，有的喜用长，有的喜用短；或以长制短，或持短破长，从而形成剑技的技术总体结构。同时由于剑在战争中的广泛使用，不仅促使人们研制出众多名剑，有了专门的剑客，而且出现了关于剑术的理论，目前我们所知道的有《庄子·说剑》等。《庄子》亦称《南华经》，庄子是战国时的思想家，他和老子的哲学思想被后人合称为老庄学说。庄子在《说剑篇》曰："夫为剑者，示之以虚，开之以利，后之以发，先之以至。"讲的是诱敌深入，后发制人的斗剑战术。

汉代赵晔在《吴越春秋》中记载了《越女论剑》："越王问曰：'夫剑之道，刚如之何？'女曰：'……其道甚微而易，其意甚幽而深，道有门户，亦有阴阳，开门闭户，阴衰阳兴。手战之道，内实精神，外示安仪，见之似好妇，压之似惧虎，布形候气，与神俱往，杳之若日，偏如腾兔，追形逐影，光若仿佛，呼吸往来，峭及法禁，纵横逆顺，直复不闻。斯道者，一人当百，百人当万，王欲试之，其验即见。'"

"越女"的剑术理论，精辟地阐述了动与静、快与慢、攻与守、虚与实、内与外、逆与顺、呼与吸矛盾的辩证关系，把机动灵活、变化莫测、出奇制胜等战术要素讲得非常深透，说明当时剑术确已发展到相当水平。此剑术理论已运用了阴阳、五行学说来阐述和解释剑法的变化规律。

班固《汉书·艺文志》还记载有《剑道三十八篇》，可惜内容已经佚失。

四、文武分途与侠士

古代的士，是低级的贵族，统指武士，他们既有统驾平民的权利，也有执干戈，以卫社稷之义务。商周时期，贵族子弟均受武士教育，习武是为了从军参战，三代之士，皆武士也。至春秋时代，文士兴起，文武分途。文士凭知识谋略求仕于禄，而社会上则出现凭武艺本领立足为生的武士。此时武士已非贵族子弟，多来自平民，亦被称为“侠士”。因春秋战国之时，诸侯争夺，各国豪贵竞相培植家族武装势力，以维护宗族利益。作为政治斗争的力量之一，最著名者如齐之孟尝君，赵之平原君，魏之信陵君，楚之春申君，此“战国四君子”，培养门客上千，其中，就有着许多凭武艺勇力效忠的侠士。当时社会，对武士有多种需求，或作谈判后盾，或为谋杀刺客，或为血亲复仇，或作护卫保镖。此等侠士，重义轻生，排难解纷，视人如己，视死如归。正如《韩非子》所云：“儒以文乱法，侠以武犯禁”；“为人臣者，聚带剑之客，养必死之士，以彰其威”。此一时期，著名的侠士如鲁国曹沫，执匕首强逼齐桓公归还侵鲁之地；吴国专诸，藏匕首鱼腹而刺杀吴王僚；聂政执剑刺杀韩相侠累；荆轲行刺秦王不中，壮烈牺牲。这些武士的动人事迹，载于太史公的《史记·刺客列传》，以致千古流传。太史公在《游侠列传》中还赞扬侠士们言必信、行必果、扶危济困、重义轻生的精神，为先秦许多侠士事迹湮灭不闻而遗憾。先秦侠义武士精习武艺，使民间武术在技术上更为多样化并更趋成熟。以器械武艺而论，除战阵武艺多用戈、戟、矛等之外，民间武艺多喜用轻便短小之武器，且各地以不同武器之特色而著名。

总之，“文武分途”自战国至西汉大约经历了五百年的时间。文武分途后，专门从事武事的人，对原有武术技术的提高无疑起到了良好的促进作用，并形成了以武为生的侠士阶层。但文人轻武，武人不文以及社会中重文轻武的现象日趋严重，所以能够留传后世的技术文字记载不多，武术技术多靠“口传身授”往下传，以致造成不少精妙技术常常随人而亡，此乃武术发展中一大憾事。

五、角力手搏与兵器的发展变化

角力自古以来受到重视，因为它是掌握其他兵器的基础。当时，角力水平的高低，要通过相搏这一形式的比赛来衡量。相搏时，拳打脚踢，连摔带拿，凡以巧斗力制服对方就算得胜。《庄子·人间世》谓“且以巧斗力者，始乎阳，常卒乎阴，泰至则多奇巧”便记叙了这种情况。据《礼记·王制》：“凡执技论力，适四方，嬴股肱，决射御。”表明已出现了一些较技形式。相搏成为比赛的一种形式，表明当时拳术技术水平已经发展到较高水平。

汉代班固的《汉书·艺文志》中著录有《手搏》六篇。

《手搏》被班固收在《艺文志》“兵书”类的“兵技巧”中。班固对“兵技巧”的解释是：“技巧者，习手足，便器械，积机关，以立攻守之胜者也。”据此，手搏当属“习手足”之类，足见《手搏》六篇是汉以前关于徒手搏斗技术的专门著述，也是目前所知我国最早的关于手搏的著述。可惜内容已佚失，没能传承下来，仅留下篇名，同时也给今天的我们留下许多的暇想。

在这一时期，兵器也不断向着多样化方向发展，除铜兵器外，兵器逐步由铜制向铁制过渡。铁剑的出现使剑身加长，“一寸长，一寸强”，剑法进一步多样化。斗剑、佩剑、练剑之风盛行。剑、戈、矛、戟、殳、弓、矢，是这一时期的重要的兵器。

战国青铜双剑（图3-6），击刺短兵械。剑长分别为29.6厘米、29.8厘米。鞘长28厘米，鞘宽13.7厘米。剑为柳叶形，无格，无首，脊背平凸，基部正中有两圆穿。据载，古代巴人擅长掷剑，此剑可能为古代巴人用作投掷的击刺器械（1973年四川省成都市出土）。

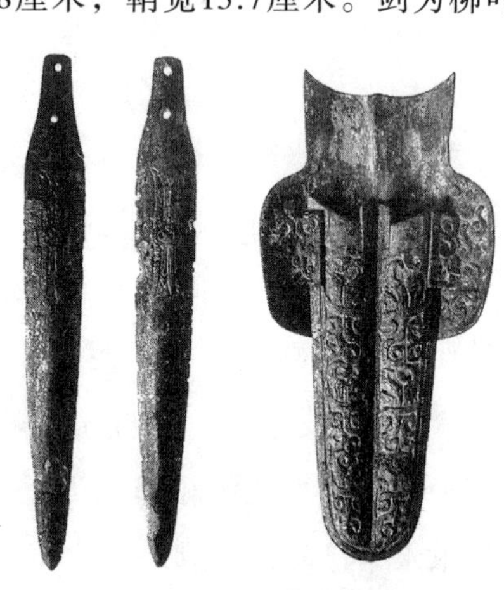
图3-6　青铜双剑

战国青铜匕首

(图3-7)。卫体的短兵器，匕首短小易藏，从古至今一直是军队使用的冷兵器之一。

吴王夫差矛(图3-8)。春秋末期吴王夫差使用的一把青铜矛。于1983年11月在湖北省江陵县的楚墓出土，仅存矛头，现藏于湖北省博物馆。矛头为青铜铸造，长29.5厘米，宽5.5厘米。剑身有黑色花纹，材料为铜和锡，正面有“吴王夫差自乍（作）用”铭文。矛刃锋利。矛是中国古代用于直刺、扎挑格斗的冷兵器。由矛头和矛柄组成。矛头多以金属制作，矛柄多采用木、竹和藤等材料制作，也有用金属材料的。矛长通常为1.8~2.7米，有的达4米多。矛头一般长40厘米，有的达80多厘米。

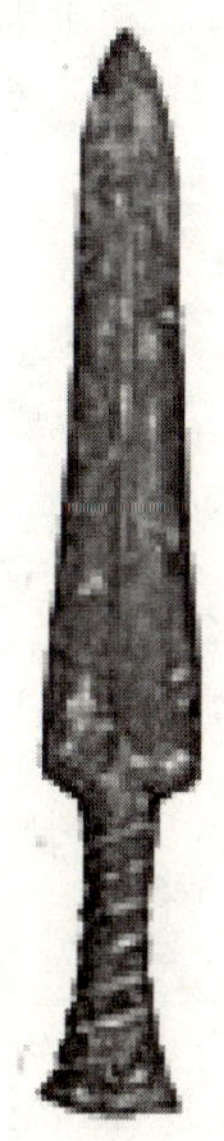

图3-7　战国青铜匕首

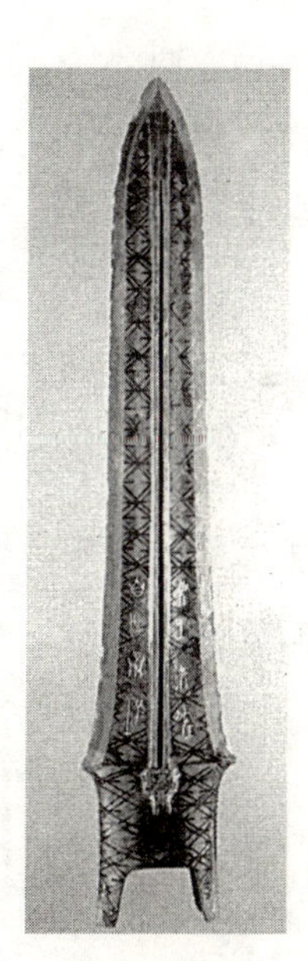

图3-8　吴王夫差矛

秦代“中阳”铭文戈（图3-9）。戈是古代用于钩杀和啄击的冷兵器。由戈头和柄组成。戈头多为青铜铸造。柄多为竹、木制作，长度通常为1米左右，最长超过3米。戈盛行于商代至战国时期。战国晚期，铁兵器使用渐多，逐渐淘汰了青铜戈，至西汉后期已绝迹。

图3-9　青铜戈

战国三戈青铜戟（图3-10）。戟是钩刺兵械。连柲25厘米，刺长15.3厘米，樽长4厘米。戟尖端为矛刺，两面刀，中脊凸棱。矛刺下装有三戈形戟头，中脊凸棱，阑侧四穿（1978年湖北省随县擂鼓墩曾侯乙墓出土）。

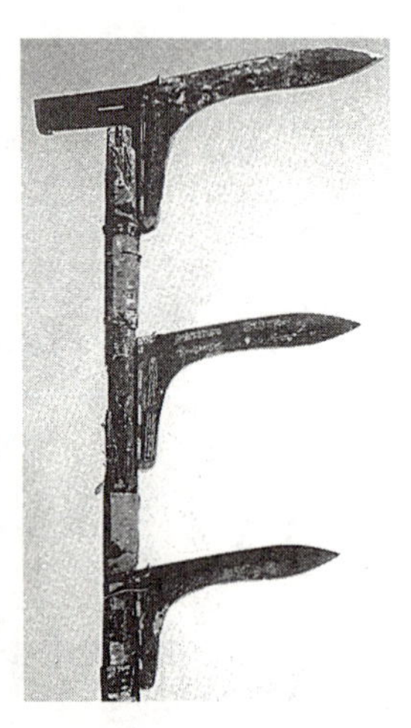
图3-10　三戈青铜戟

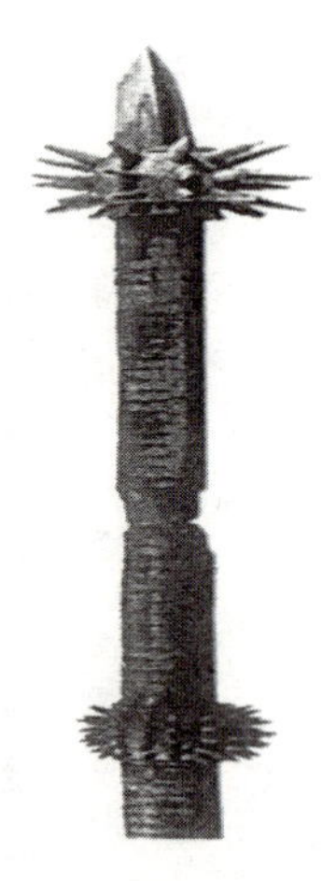
图3-11　铜殳

殳（图3-11）是一种撞击长柄武

器，本为战车上的五兵之一殳柄为竹、木制成，呈八棱柱形或圆柱形，两端以铜铁箍之。此殳首呈三角锥状，有棱无刃。到春秋战国时期，弓弩、戟、矛、戈等成为作战的主要兵器，殳逐渐演变成为一种仪卫的兵器。

六、“私学”中的武术教育

我国私人讲学的风气由孔子正式开始的。孔子名丘，字仲尼，生于公元前551年，卒于公元前479年，终年72岁。孔子是我国古代著名的教育家，据《史记·孔子业家》载：孔子身长九尺六寸(约相当于一米九)，身材十分高大。《列子》载：“孔子劲能招国门之关，而不肯以力闻。”汉·王充《论衡·效力篇》亦载“孔子能举北门之关，不以力自章。”古代城门的大门闩是相当重的，没有很大的力气不可能举起它。郭沫若在《十批判书》里也说孔子是个“千斤大力士”，这种说法是有据可查的。孔子教学生六门功课：礼、乐、射、御、书、数。其中射是指射箭，御是指驾战车，都属古代武术的范畴。传说孔子学生共三千人，其中身通六艺的有七十二人，有若、子路等都可以说是武艺高强之人，如果孔子没有这六种技艺的知识，他又怎能教授学生？

此外，墨子的思想及教育活动中，也有大量的武术内容。墨子曾对楚王说：“臣之弟子禽滑厘等三百人，已持臣守圉之器，在宋城上而待楚寇矣，虽杀臣不能绝也。”证明墨子的学生多精于武事。

七、《孙子兵法》、《周易》与武术

《孙子兵法》亦称《孙子》、《孙武兵法》，中国古代军事名著，春秋末年孙武著。《孙子兵法》本文“十三篇”——计篇、作战篇、谋攻篇、形篇、势篇、虚实篇、军争篇、九变篇、行军篇、地形篇、九地篇、火攻篇、用间篇。《孙子兵法》中朴素的军事哲学思想、谨慎的战略思想和灵活的战术思想，对武术格斗理论的形成有重要影响。《孙子兵法》提出了“知彼知己，百战不殆”；“攻其无备，出其不意”；“后人发，先人至”；以及“说道十二法”等，皆被拳家作为搏斗的基本法则。

“知己知彼”。孙子在《孙子兵法》中提出的这一指导战争的最为重要的原则被直接汲取为武术技击的指导思想。如王宗兵《太极拳论》强调“人不知我，我独知人”；太极要诀指出“以己粘人，必须知人”，《走架打手行功要言》也谈到“欲要引进落空，四两拨千斤，先要知己知彼”。因此“知己知彼”是武术技击取胜之先决条件，也是军事理论应用于武术实践的典范。

“兵之情主速”。孙子说“兵之情主速，乘人之不及，由不虞之道，攻其所不戒也”，这是说明用兵的关键在迅速，乘敌人措手不及，出其不意，攻其不备。武林中交手之理与军事上用兵之道相通，速度在武术技击中同样重要。

《内家拳》指出：“打拳宜手捷、眼快、紧逼先施”；少林拳谚讲：“手似流星眼似电，身似游龙腿似箭”，形意拳要求“起如风，落如箭，打倒还嫌慢”，《形意拳》规定“七疾”：“眼要疾、手要疾、脚要疾、意要疾、出势要疾、进法要疾、身法要疾。习拳者具此七疾，方能制胜。”如此等等，孙子的“兵情主速”的思想，在武术中有极其广泛的运用。

“避其锐气，击其惰归”。孙子指出，两军作战，要避开敌军的锐盛之气，待敌军气势衰懈再出兵进击。如武术中讲究避实就虚；斜力击直力；在旧力已尽、新力未生之际给予打击。

“诱敌上当”。孙子提出：“兵者，诡道也。”为避敌锋芒而制胜，诡诈之道是兵法的一条普遍规律，在武术技击上的运用多为诱敌上当。中国武术众多的拳种中，有不少迷惑对方的招式技法，如把自己的长处隐蔽起来，而故意露出短处或破绽来引诱敌手犯错误。

军事武艺与武术同有技击性的特征，因而它们在技击之术、战略战术思想上相互渗透、相互促进。军事与武术密切的联系构成了中国文化一个复杂而又精深的历史现象，其中《周易》与武术的关系是一个代表。

《周易》，简称《易》，又称《易经》，多数学者认为其非一时一人之作，大体应成书于西周。旧传伏羲作卦、文王作辞、孔子作传，近人以为这些说法未必可信，认为此书大抵

源于春秋之际，完成于秦汉之间。（图3–12，阴阳八卦图）

图3–12　阴阳八卦图

《周易》的内容包括《经》、《传》两部分。《经》主要是六十四卦和三百八十四爻，附有卦辞和爻辞。《传》含《彖传》上下、《象传》上下、《系辞》上下、《文言》、《说卦》、《序卦》、《杂卦》等十篇解释卦辞和爻辞的文章，统称《十翼》。《周易》中包含有观物取象、万物交感、发展变化等哲学观念。

《周易》是中国最古老的卜筮记载，其中虽然包含了诸多宗教和神密因素，但同时也具有浓厚的哲学和思辨色彩，在中国哲学史和文化史上占居极为重要的地位，堪称中国思想发展的源头之一。中国的天文、数学、医学乃至文学等各门具体科学的体系，皆或多或少地自《易经》中采撷了所需的思想素材。

《易经》中列举出人类和自然界中客观存在的诸多彼此对立和矛盾的现象，如“凶吉”、“益损”、“阴阳”等等，并进一步认识到对立双方的相依存和彼此作用。《易经》又

认为，对立双方的转化并不是随意和无条件的，转化需要一个量的积累过程和某些必要条件。

古代武术理论，部分地采用《周易》的观念来解释拳理技法，多为一些较为简单的比附。

《周易》有关动静、刚柔、阴阳相摩相推而引起变化的观点，反映了当时朴素的唯物主义的阴阳观。这一观点很快就被应用到了对武术技术的理解上。如《吴越春秋·越女论剑》、王宗岳的《太极拳论》。

《周易》曰：“易有太极，是生两仪，两仪生四象，四象生八卦。”武术中的两个著名拳种“太极拳”、“八卦掌”之名均出自这十六个字。

第四章　秦汉至南北朝时期武术的发展

秦汉时期是古代武术发展的一个高峰时期，特别是汉代不仅出现了“武艺”之称，而且武术的内容和形式都表现得丰富多彩，具有了一定的娱乐性和表演性。魏晋、南北朝时期，北方少数民族大量涌入中原，由于民族迁徙杂居，文化交流频繁，武术也相应得到了交流，使南北不同特点的武术得以相互渗透与吸收。

一、秦收天下兵器与秦军兵器之精良

公元前221年，秦王嬴政结束了长期的割据局面，建立了历史上第一个中央集权的统一王朝——秦。秦始皇统一六国后，为了巩固中央集权化统治，他建造驰道和直道；建筑长城；开边和移民；焚书坑儒；并下令搜缴散在民间的各式兵器，聚集在咸阳，加以销毁，铸成了12个各重24万斤的铜人。销兵器主要是防止六国旧贵族再起和人民的反抗。销兵器后，民间原来的兵器武艺活动受到了限制，而徒手的角抵活动在民间普通发展起来。

由于秦朝对于民间严禁习武并收缴天下兵器，以至于秦末陈胜、吴广领导的农民起义只能“斩木为兵，揭竿为旗”，但是在这些几乎是赤手空拳的农民起义的打击下，维系了仅仅十几年的统一帝国就土崩瓦解了。

秦军主要有戈、矛、弓弩、钺、钩、镖、殳、剑等各式各样的兵器。以秦兵马俑为例：秦始皇兵马俑坑，位于西安市以东35千米处的秦始皇陵东侧。它是1974年3月由临潼县晏寨乡西杨村农民杨志发在打井时发现的。现在发现的三个俑坑，总面积约二万多平方米，内有约八千个陶俑、陶马及约一万件兵器。这些兵马俑制作工艺精湛，造型逼真生动，气势磅薄，雄伟壮观，是秦国强大军阵的缩影，被誉为“世界第八大奇迹”(图4–1)。

秦兵马俑坑出土的青铜兵器，种类齐全，囊括了当时冷兵器时代远射、长兵和短兵三大类，包括弓弩、戈、矛、戟、殳、剑、钩等，制作精良(图4–2、图4–3、图4–4、图4–5)。

图4–1　秦兵马俑

图4–2　秦铜戈

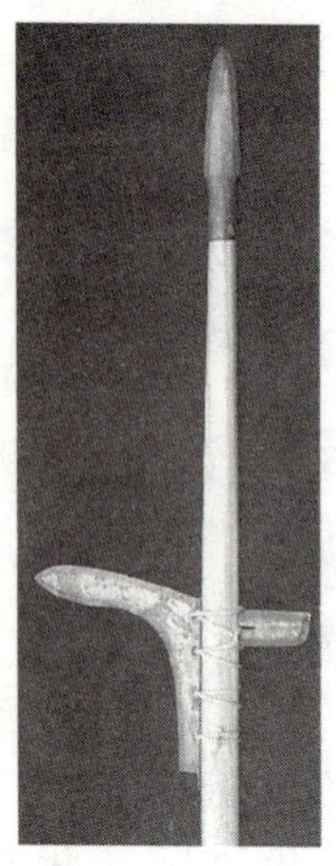

图4-3　秦戟

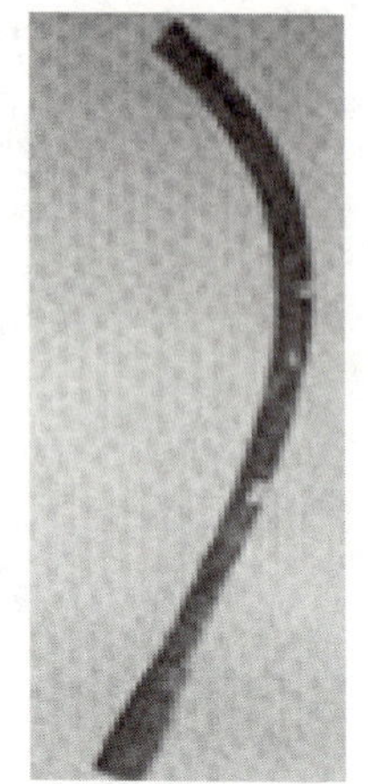

图4-4　秦铜钩

图4-5　铜殳

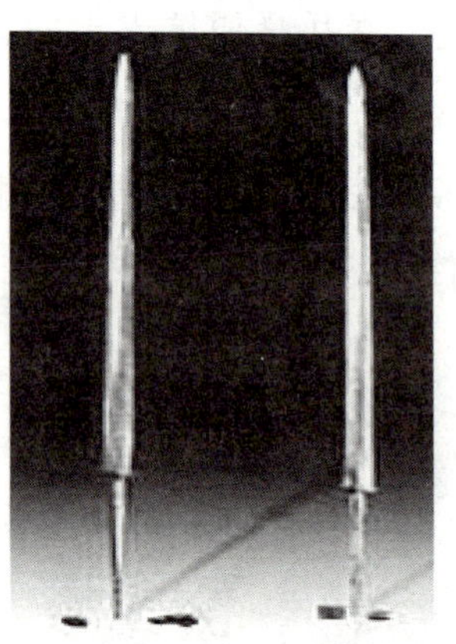

图4-6　青铜剑

青铜剑（图4-6）。左剑通长93.8厘米，身长72.2厘米，最宽处3.2厘米。右剑通长92.8厘米，身长71厘米，最宽处3.2厘米。两剑的形制相同，剑体长而窄薄，中部起纵脊，近锋处束腰。出土时，首、格、鞘等附件齐全，特别是剑通体光亮，刃锋锐利。经检测，剑表面经过铬盐氧化处理。中国在两千多年前就发明了这种先进工艺，堪称冶金史上的奇迹。

二、角抵与百戏

“角抵”是徒手的对抗性项目(图4–7)。角抵时，只限用“相搏”中的摔法进行较量，双方凭体力以摔倒对方来分胜负。由于角抵只限于摔法，不准拳打脚踢，以较力为主，更多地用于娱乐与表演，因此在禁武的秦朝，它不仅未被禁止，反而广泛在军中和民间流传开来，还出现了专门从事“角抵”的艺人，而且逐渐成为宫廷的娱乐项目。据《史记·李斯列传》记载：“是时二世在甘泉，方作觳抵俳优之观。”秦二世在宫廷观看角抵说明了这一点。

图4–7　角抵图

秦代角抵活动传承自春秋战国时期的角力。《汉书·刑法志》记载：“春秋之后，灭弱吞小，并为战国，稍增讲武之礼，以为戏乐，用相夸视，而秦更名为角抵”。

刘邦建立汉朝之初，曾经一度禁止角抵。到了汉武帝刘彻之时，由于他的喜好和提倡，角抵又开始盛行。

汉代把包括杂技、舞蹈、魔术、角抵等技艺活动统称为百戏(图4–8)，由于角抵在其中占有最重要的地位，所以“百戏”在当时又被称为“角抵戏”。同时先秦流传下来的武舞在汉代两晋得到承继，如先秦时表现武王伐纣时的武舞，在汉代称“巴渝舞”；到晋代改名“宣武舞”，是武士执剑而舞。晋代文学家傅玄曾作《短兵篇》，对此舞有形象的描绘：

图4–8　汉代百戏画像砖

“剑为短兵，其势险危。疾踰飞电，回旋应规。武节齐声，或合或离。电发星鹜，若景若差。兵法攸众，军众是仪。”描写剑舞紧张惊险，动作迅速，挥剑相击，火星如闪电。此舞有一定的程式，动作、步法等均有定规，与武术套路的形成有一定联系。

这一时期，还流传着与杂技项目接近的娱乐表演性武术，即“角抵戏”(也称百戏)中的跳刀、跳剑、掷戟等，在舞刀弄剑中将刀、剑等武器掷向高空，再用手接之。《通典》记“梁有跳剑伎”。而《洛阳伽蓝记》记载了北朝洛阳寺庙前的庙会上种种武艺杂技表演盛况：“禅虚寺在大夏门御道西，寺前有阅武场，岁终农隙，甲士习战，千乘万骑，常在于此。羽林马僧相，善角抵戏，掷戟与百尺树齐等。虎贲张车渠，掷刀出楼一丈。帝亦观戏在楼，恒令二人对为角戏。”这里记载了两名技艺杰出者的表演，除了单人表演外，还作对打表演。

《通鉴·晋纪》记：“张昌起兵为乱，绛头毛面，挑刀走戟，其锋不可当。”注曰：“挑刀，舞刀也。今乡落悍民，两手运双刀，作进退为击刺之势。掷刀空中，高一二丈，以手接之。又善舞双戟，左奔右赴之势，又环身盘旋，回转如萦，又以戟矜挂地，跳矜上，特为环捷。此谓走戟也。”记载民间之武术活动，有刀、戟的套路表演，既表现出攻防技击的特点，但又有艺术性之花法，如掷刀、掷戟以及戟在周身盘旋，类似今日之飞叉。以戟尖着地，脚踏戟柄作表演等，则是武术与杂技相渗透了。

三、汉代出现了“武艺”的名称

武艺的名称始于汉代，自汉以后一直沿用。武艺是徒手或手持器械的攻防格斗与套路技术的总称，包括：角抵、手搏、剑术、刀术、长戟与手戟、戈、矛、殳、斧、大刀、狼牙棒、弓、弩等。

对抗性攻防技术有：手搏、角抵（有了裁判，体育性质较明显）、短兵对短兵，长短兵对打，空手对器械等。

套路技术有单练套路，如“剑舞”、“刀舞”、“双戟舞”，还有象形的“沐猴舞”、“狗斗舞”等；也有多种形式的对练套路。

《三国志·刘封传》有“武艺气力过人”的记载。

《古今图书集成·闺奇部列传》载：“关索妻王氏，精诸家武艺。”所谓“诸家”，当指不同技术特点的各个流派。由于练武活动的盛行，到了汉代，民间曾涌现不少武术家以及不同技术风格的流派。

秦汉以来，盛行角力、击剑。随着“宴乐兴舞”的习俗，手持器械的舞蹈时常在乐饮酒酣时出现，如《史记·项羽事纪》记载的“鸿门宴”中“项庄舞剑，意在沛公”，项羽大摆鸿门宴，宴请刘邦，宴中项庄拔剑起舞想刺杀刘邦，项伯亦拔剑起舞，用身体蔽隐刘邦，使项庄无法下手。此外，还有“刀舞”，“力舞”等，虽具娱乐性，但从技术上更近于今天套路形式的运动。

图4-9 汉代《宴饮观舞图》

汉代墓室壁画《宴饮观舞图》（局部，图4-9）。

汉代留下的大量的汉砖画也形象地记载了当时武术的部分内容，为我们今天了解和认识汉代武术发展提供了宝贵的资料。

西汉器械技击画像砖（图4-10），纵9厘米，横19.2厘米。画面中两人皆戴帻着上衣，左一个双手执长矛向对方猛刺，右一人一手挥剑，一手持盾挡护。两边各有一头梳高髻的女婢，持矛站立观看（河南省郑州市出土）。

图4-10 器械技击画像砖

剑矛相击画像砖（图4-11）。西汉，纵5.8厘米，横10.4厘米。图中，两位武士均头束高髻，身着长袍。左边一位，双手持长矛，向对方击去；右边一位，右手执剑，迎击刺来的长矛（河南省郑州市出土）。

图4-11　剑矛相击画像砖

有史料表明，到汉代时，已发现有模拟动物或吸取动物动作特点并结合攻防方法的技术表现形式(4-12)。汉代有记

图4-12　汉代南阳画像石《斗牛》

载的，有“猿猴舞”、“狗斗舞”、“醉舞”，以及华佗的“五禽戏”（虎、鹿、熊、猿、鸟），“五禽戏”虽然无攻防动作但具有良好的健身作用，它对后来出现的武术象形类拳种影响颇大。

四、汉代剑术的发展和繁荣

秦、汉年间，由于战争方式的演变，骑兵的地位日益重要，环柄长刀逐渐取代了长剑在战争中的地位。相反，在人们日常生活中，剑的防身自卫、娱乐作用却日益增长，以至汉代“自天子至百官，无不佩剑”。今天各地出土的大量汉代画像石、画像砖上，常刻有官吏图像，就普遍带剑。秦、汉时代，剑术研究受到重视，并在战国“剑道”的基础上进一步得到发展。当时对剑术的理论性总结和概括是卓有成效的，通过许多史料我们可以看出汉代剑术的发展有这样几个特征：

(1) 剑术已成为一门专门学问。这时，不仅佩剑之风仍然盛行，而且精于剑术的人颇多，特别是文人学士，如司马迁这个著名史学家在《史记·太史公自叙》中写道，司马家族祖上的一支曾经“在赵国者，以传剑论显”；以写汉代大赋《子虚上林》而闻名的司马相如“少时爱读书，击剑……”；东方朔“十五学击剑”。武将就更不用说了，如项羽“少时，学书，学剑”；鲁肃“体貌魁奇，少有壮节，好为奇计，天下将乱乃学击剑，骑射……”等。

(2) 剑术研究有了初步的理论性总结和概括。如曹丕《典论》："幼时学击剑，阅师多矣!四方之法，惟京师为善。"可见，曹丕研究过来自各方的不同剑法，探讨过不同的招式、特点及格调的剑术。这同时也说明，精于剑术者到处都有，并且出现了不同流派。

(3) 剑术已有了一定的招式。《史记·项羽本纪》中记项羽的堂弟项庄在鸿门宴上表演剑舞，企图在席间刺杀刘邦；项伯为了保护刘邦也提剑起舞。项庄和项伯的"剑舞"当然不是一般的武舞，而是有一定的程式、既可供人观赏、又可致人于死命的武技。由此可知，那时已出现了剑术套路的雏形。这在剑术发展史上是有重要意义的。

(4) 出现了竞技形式的对抗性斗剑。最突出的实例是曹丕与邓展的赛剑，据《典论》载：一天，曹丕与邓展一起饮酒，席间谈论起了剑术，曹丕指出了邓的一些错误说法，并向邓展表示，若不信服，可以较量一番。邓展当时稍有醉意，经曹丕一激不甘示弱，当即表示愿和他决一胜负。考虑真剑会失手伤人，两人就以甘蔗作剑。没有几个回合，曹丕三次击中邓展的臂部，引起左右观众大笑。邓展很不服气，要求再比。曹丕说，我的剑法专中臂部。轮到第二次比赛，曹丕就以失招的败势引诱邓展，邓展果然中计，又被曹丕击中面门。据说，曹丕师从洛阳高手王越，经过勤学苦练，击剑之术达到了相当精湛的程度。不难看出，当时各种剑法之间已存在剧烈的竞争。这种竞争，无疑推动了整个剑术水平的提高。

学剑是尚武的表现，两汉时期，征战频仍，风气崇尚折戟异域，立功疆场，赐爵封侯，霍去病、班超便是榜样，故习武为世人所重视，学剑因而流行。

五、汉刀的盛行与戟、矛的广泛使用

西汉开始，佩刀的习俗开始出现。《汉书·苏武传》载，汉王朝派苏武出使匈奴，当匈奴逼苏武投降时，“武谓惠等:‘屈节辱命，虽生，何面目以归汉！’引佩刀自刺”。东汉时期，环首刀日益盛行，剑的使用则转趋衰落，逐渐被排挤出了实战领域。各地出土的东汉画像石上有许多描绘战争的画面，其中兵士所用之短兵器，无论步兵还是骑兵，几乎全是环首刀(图4–13)。

刀和剑的盛衰兴替，至东汉末年就接近尾声了。当时，实战已基本上不用剑。《太平御览》卷三四三、三四六收

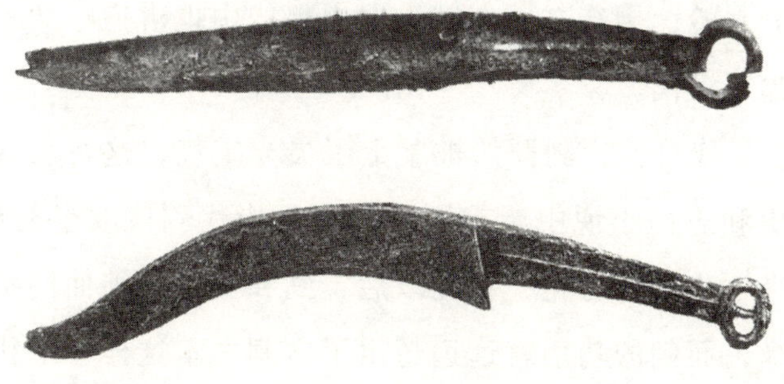

图4–13　环首刀

有南朝梁时陶弘景所著《刀剑录》，其中记有不少汉末和魏晋时期刀剑制造的事例，如东吴孙权于黄武五年（226年）造："十口剑，万口刀"；蜀主刘备命名匠蒲元造刀"五千口"；西晋司马炎与咸宁元年（275年）造刀"八千口"等。当时，造刀数量很大，造剑通常只有一件或数件，前者是用以装备军队的实战兵器，后者则是供权贵佩服把玩的饰物或宝器，如曹丕所造的"百辟宝剑"、"饬以文字，表以通犀"，即是其例。在《三国志》和南、北诸史中，有大量战斗用刀的事例，但实战用剑的记载绝少，也反映了这一变化。

这是中国刀剑史上一次根本性的变化，此后直至明清，军队装备和实战使用的短柄兵器主要是刀，剑则脱离实战，成为一种理想化的兵器，主要在佩饰、武术等领域继续沿用。诚如明茅元仪《武备志》一〇四卷中所指出：古之言兵者，必言剑，今不用于阵。

从这一变化的角度来看，东汉时期正是中国古代刀盛剑衰的分水岭。周纬在《中国兵器史稿》中也讲道："重刀之习，起于汉代。"

在汉魏时代，剑开始被蒙上了灵光宝气，这在汉魏以来的杂史和志怪小说中屡有所见。而后唐代剑侠故事的出现，使剑进一步被神秘化，自此以后，剑和侠士和神仙们结下不解之缘，而剑的功用就远远超出了击刺之术这样一个狭小的范围，在很多场合它甚至扮演着法器的角色。人们不仅神化剑术、仗剑使法，而且出现以装饰为主的木制剑作佩剑之用。

此外，戟、长矛(又称矟、槊)、斧、棍棒等也是这个时期的重要武器(图4-14、图4-15)。汉代戟与矛皆是军中常用的格斗武器，《三国志》等书中关于戟、矟等用于实战的记载很多。矟，重且长的矛，是马上用的重型武器，长二丈四尺。梁·萧纲曾撰写了《马槊谱一卷》，专论马上用槊的技术，但是其具体内容今人已经无法得知，仅知道梁朝曾经有过关于马槊的专论。

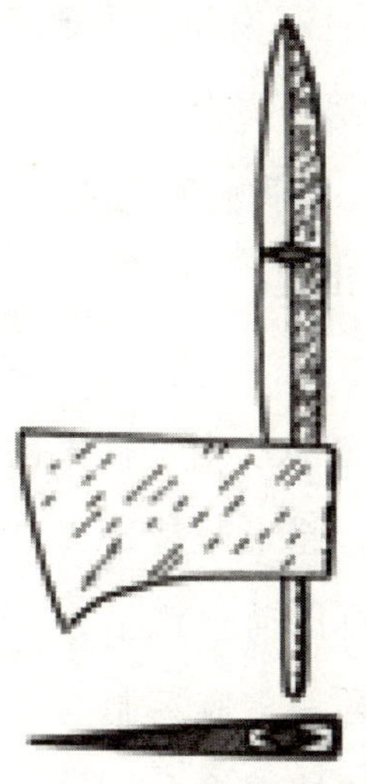

图4-14　汉代铁手钺戟

图4-15　铜狼牙棒

六、南北朝时“武术”的繁荣与府兵制

魏晋、南北朝是一个战乱频繁、动荡不安的时代，北方

少数民族大量涌入中原，由于民族迁徙杂居，文化交流频繁，武术也相应得到了交流。妇女习武也出现了前所未有的活跃气氛。北齐（鲜卑族）统治者，为倡导妇女习武，“帝在城东马射，敕京师妇女悉赴观，不赴者罪以军法，七日为止。”《魏书·李安世传》记载，广平李波宗族强盛，其妹雍容尤善骑射，百姓为之语曰：“李波小妹字雍容，搴裙逐马如卷蓬，左射右射必叠双。”

在民间广泛流传的木兰替父从军的故事也发生在这一时期。中国文字中“武术”一词最早是见于南朝，出现于肖统《文选》第20卷中，有“偃闭武术，阐扬文令”之诗句。当时系指停止战争（军事），提倡文教，与我们所说的“武术”没有直接的关联。但是“武术”一词出现，为后世武术概念的形成打下了基础。

两晋南北朝之时实行的府兵制对于这个时期武术的发展影响很大。府兵制为古代兵制之一，起于西魏，废于唐之天宝，前后二百年。府兵制的特点可以简单概括为：平时为民，战时为兵；寓兵于农，兵农合一。府兵制的选士标准对武艺有很高要求，既要会拳术的捕虏擒拿技术，也要会使用戈、铤、剑、戟等长短兵器的技术，既要能“若飞”般疾跑，也要能逾城越堑、攀蹬跳跃、长途负重行军。这在武术技巧和速度、耐力、力量诸方面，均有严格要求。由于群众练武之人较多，达到这个标准的不乏其人。同时，由于府兵制的选士标准和考核要求，又必然加强了整个社会对于武艺的重视。成语“闻鸡起舞”讲的就是东晋名将祖逖的故事，他青年时发奋要刻苦锻炼，成为文武双全的人，他常与好友刘琨住在一起，夜间一听到鸡叫，就与刘琨起来一起舞剑练功。而武术中练早功的习惯，已延传至今。

七、练功与角抵、相扑

汉初，农兵不甚分，平时生产，战时打仗，促进了群众练武活动，民间习武之风度可谓空前。当时，有些地方还有演武厅武器架一类的设备。

当时，练力的手段是举鼎的能力来表示力量的大小。自晋以后，“翘关”逐渐代替了“扛鼎”。“翘关”，原意是举起城池的大门闩，到了晋朝门闩成为专门练功的铁杠。除练力外，武艺高强者将攀登爬越和弹跳等亦列为必练内容。此外，武艺高强者还善于奔跑，飞檐走壁等硬功轻功都亦不鲜见。

据记载，劲力、弹跳、速度三者在当时的练武过程中已成为不可忽视的练习内容，它是武艺中的素质基础，练功除了练力，还要练习轻功和走转进退的各种步法，相当于现在的身体素质训练。《梁书·羊侃传》载：“侃少而雄勇，膂力绝人，……泗桥有数石人，长八尺，大十围，侃执以相击，悉皆破碎。”《陈书·黄法𣰋毛传》称：“少劲捷有胆力，步行日三百里，距跃三丈。”

史料中记述拳术技术方法的尚不多见，但会武之人都有臂力的记载却不少。《晋书》载，有个叫周处的人，“未弱冠，臂力绝人，好驰骋田猎”，“入山射人世间猛兽”，“投水搏跤”。此书还说，一个叫符生的人，能“力举千钧，雄勇好杀，手格猛兽，走及奔马，击刺骑射，冠绝一时”。这些话不免有些夸大，但仍可见当时习武人大都臂力过人，也说明当时人把臂力视为身体训练和武器训练的基础。

在山西省大同市云岗石窟的浮雕中。有一组北魏时期的石雕，雕有五组双人赤手对练图，画面形象反映了当时人们对练习武的真实情景(图4–16)。

在1961年河南省密县打虎亭汉墓出土的角抵图壁画(图

图4–16　双人对练图

4–17)，是东汉时期的壁画，图案背景为一云气纹环绕的台子，上面二个赤膊光腿、腰束护腹，着短裤，足登黑履，头束一冲天发辫的力士，正准备交手相搏。画面较充分地表现出一场角抵竞赛前的紧张气氛。壁画相扑之名始于西晋，特点是互相抓住腰带以相角力。

图4–17　角抵图

甘肃省敦煌市莫高窟第251窟中有一幅力士相搏图壁画(图4–18)，创作于北魏

图4–18　力士相搏图

时期，图中二位力士造型体壮，裸身仅着犊鼻裤，正在舞臂踢腿作徒手相搏状，由其相搏的动作看，已显具拳术技击中的功架、程式特征。

八、竞赛形式与套路技术

据史料记载，两晋、南北朝之时有了一些竞赛形式。北朝魏孝武帝十分重视武功。他为提倡射箭，经常举行射箭比赛。有一次他设置了一个银杯，把它悬在百步之外，命十来个善射的人共射，谁能射中银杯，就把他的名字刻在杯上；下次比赛如果另外一个人胜了，就把银杯转给另一个人，上面也刻上胜利者的名字。这是我国最早出现的银杯赛。

此外，当时南北方在政治上虽然对立，但在武艺方面还是进行了一些交流。比如梁朝派武士到北齐去访问，"求北人与之相角"，他们受到了北齐人的热情接待。北齐也曾派勇士与梁人进行比赛交流。比赛内容有：左右驰射、刀术和拉强弓。结果北齐获胜。

武术发展至两晋，已积累了相当丰富的技击经验，不少武术家把攻防格斗技术的精华动作用套路形式串连起来，其要领总结成口诀和秘法，便于记忆和掌握，于是出现了某些武术程式和套路。据记载，两晋、南北朝时，道教主要代表人物葛洪(医家、养生家、化学家)，自幼学习射箭，后来又学习刀盾、大刀、双戟、棍术等。他在学习过程中，师傅有口诀要求和秘法。据葛洪《抱朴子·外篇自序》记："又曾受刀盾及单刀双戟，皆有口诀要术，以待取人，乃有秘法，其巧入神。若以此道与不晓者对，便可以当全独胜，所向无前矣。晚又学七尺杖术，可以入白刃，取大戟。”由此可以得知，魏晋时武术已显示出独立发展的趋势。那些口诀要求和秘法，标志着武术的巨大发展，并通过言传身授，代代相传，不断得到完善。

有的则以舞的形式进行成套性练习或表演，以巩固其攻防经验。但以后随着表演增多，为了达到引人入胜的表演效果，套路中放进了不少“花法”动作，增加了不少回旋、抛掷动作使武术表演更显惊险、更具表现力。如《洛阳伽蓝纪》载，僧人舞刀、摔跤时，增加了不少回旋、抛掷动作。《通鉴·晋记》也有不少这方面的记载：“两手运双刀”、“进退击刺之势”、“掷刀空中，高一、二丈，以手接之”，舞戟则“环身盘旋，回转如萦”等等，可见武术已形成了初步的程式化演练形式。

在这一时期技击技术的强身健体功能也受到人们重视。特别是练武能强身这一事实逐渐被人们所认识，更加促进了技击技术的程式化发展。

第五章　隋唐时期武术的丰富

隋、唐、五代是我国封建制度高度完善，封建经济、文化高度发展的时期。特别是唐代，堪称当时世界上最强盛、最先进、最文明的国家。京城长安是当时最大的国际都市之一。隋唐南北统一，疆域广阔，经济发达，中外交流频繁。这一时期的科学、文化得到空前繁荣，例如雕版印刷术、赵州桥、天文学、唐诗等。强盛的社会是武术走向繁荣的客观基础，对于后世武术发展有着极大影响的武举制形成于这一时期，少林武术显名也开始于这一时期。

一、唐代武举制的建立

武举制，是选拔武艺人才的一种制度。自唐代创立，经历代完善，被后世沿袭至清末。武举是由兵部考试，“高第者授官，其次以类升”（杜佑《通典》卷一五）。

武举制是在长安二年由（702）武则天创立的，武则天创立武举制的原因有三：其一，唐初承袭的是隋朝的府兵制，有荐举武臣之法并兼有兵部主持的武选之法，但当时荐举的仅仅是将门之子，武选也只限于“纳课品子”，选拔人才范围的狭小使得良将匮乏。这使武则天不得不考虑采用新的方法广泛选拔优秀的将材。其二，武举设立与武则天培植支持自己的军事势力有关。武则天上台执政，急需各种力量的支持，创立武举显然是其“不惜爵位，以笼四方豪杰自为助”的重要措施之一。其三，武举实行前已积累了较成熟的选拔武士武官的方法。武科之法是在武选之法基础上而定的。

关于唐代武举考试的内容，《唐六典·选举》载：“武举以七等阅其人。”具体包括：

（1）长垛：将布帛制成的箭靶（即垛）置一百零五步处，上画有五个规（即院，今之环）。连射30发。

（2）骑射：测马上射术。

（3）马枪：测马上运用武器的技能。

（4）步射：是射草人。也有身披铠甲，即试弓力的测验。

（5）举重：一是翘关，即举重；二是负重，指负重行走，负五斛米行20步（斛：十斗或五斗为一斛）。

（6）言语：能说会道，文理优良。

（7）材貌：身高6尺以上，体貌丰伟。

唐立武举是有重要意义和影响的，一方面它开辟了以武取士的道路，调动了人们习武的积极性，给了百姓们一个能以个人武艺能力进身仕途的机会和渠道，在一定程度上扩大了武艺人才的来源，推动了社会的尚武之风。另一方面，它使习武的内容和标准有了一定的规范；对于选拔武艺人才所要涉及的基本素质提出了全面而又具体的要求。

武举制一直沿用了一千多年，至清末止。

隋、唐两代，为了推动武艺的发展，还制定了种种奖励办法。据史载，凡有一技之长，并在相应的活动中表现出来，除给予奖励外，并授以相应的称号。李筌在《太白阴经》中载："有引五石之弓，矢五扎，戈、矛、剑、戟便于利用者"，给予奖赏并授予"猛殿之士"；"有立乘夺马，左右超忽，踪越城堡，幽入庐舍而无形迹者"，授奖并冠以"矫捷之士"；"有力负二百二十斤，行五十步者"奖励并授予"伎术之士"。这些重视武艺人材的措施，无疑促进了武艺中各种技术的发展。

二、武术套路的充实与丰富

套路紧密围绕攻防格斗技术而发展。最有名的例子就是唐代裴旻的舞剑。据《独异志》载："开元中，将军裴旻居母丧，诣道子，请于东都天宫寺画神鬼数壁，以资冥助。道子答曰：废画已久，若将军有意，为吾缠结，舞剑一曲，庶因猛励，获通幽冥。旻于是脱去缞服，若常时装饰，走马如飞，左旋右抽，掷剑入云，高数十丈，若电光下射，旻引手执鞘承之，剑透室而入。观者数千人，无不惊慄，道子于是援毫图壁，飒然风起，为天下壮观。道子平生年画，得意无出于此者。"这是一个许多画史著作都有转载和评述的故事。《宣和画谱》中也记述了裴旻的舞剑。裴旻舞剑首先是"用军装缠结”，即裴旻脱去缞服，换上军装表演；其次是“驰马舞剑”，表演是骑着马进行的，其“左旋右抽”等击刺动作都是在“走马如飞”中完成的。最后，舞剑的高潮是“掷剑入云，高数十丈”，然后以剑鞘承接，剑“透室而入”。吴道子要求裴旻一定要换上军装骑马表演，说明这种剑舞一定是盛唐时代军中特有的技艺，不是民间随便能看得到的，只有身着戎装才显得味道十足，也正因为如此，才有了“观者数千人，无不惊慄”的热闹场面。马上剑舞的实用性可以一目了然，而掷剑入云又以剑鞘承接的技巧可见裴旻技艺精绝，此技艺可能源自“以剑遥击”，是先秦或秦汉掷剑法的流风余韵。古之剑客最讲究礼仪，剑的出鞘入鞘都有一定程式，一丝不苟地严守这些程式体现了习剑者的学养和品节。开元年间，唐玄宗曾驾幸洛阳，裴旻、吴道子、和“草圣”张旭适在洛阳，三人曾各陈所能：“裴剑舞一曲，张旭书一壁，吴道子画一壁，都邑之人，一日之中，获睹三绝。”这就是著名的“开元三绝”。裴旻的剑舞以其很深的文化蕴藉，武美雄健、高古典雅的传统武艺演练形式，使“画圣”吴道子大受感悟，“因用其气以壮画思，落笔生风，为天下奇观”！

武术吸收了戏曲、舞蹈的演练技巧和手、眼、身法、步等表现形式，发展了武术套路的演练艺术效果。尽管从技击或军事观点来看，套路的演练被人认为是“花拳绣腿”，但因为能被群众所接受，为健身所利用，所以套路逐渐脱离军事训练的体系而发展着。

剑术是套路技术发展较快的项目。隋、唐之时，剑术作为军事技术逐渐消退，对抗性“斗剑”也少了，而作为演练的剑术套路却发展很快。武术与舞自古就有着极为密切的关系，“武”“舞”互通，从周代“武舞”到秦汉的“百戏”到盛唐的“剑舞”无不是在相互借鉴、相互影响、相互渗透中不断发展。

三、武术与唐诗

李白是唐代最著名的浪漫主义诗人，他称自己一好酒二好剑三好诗文，把好剑排在好诗文之前来表达他对剑的喜爱，为此他还创作了许多有关剑的诗歌，如：“起舞拂长剑，四座皆扬眉”；“起舞莲花剑，行歌明月宫”；“万里纵歌探虎穴，三杯拔剑舞龙泉”。此外，唐代诗人王维写有“新丰美酒斗十千，咸阳游侠多少年”，杨炯写有“剑锋生赤电，马足起红尘”的诗句。而杜甫写下的《观公孙大娘弟子舞剑器行》这一著名诗篇，成了研究唐代武术套路技术的重要史料。

《观公孙大娘弟子舞剑器行》（杜甫）

昔有佳人公孙氏，一舞剑器动四方，观者如山色沮丧，天地为之久低昂，

㸌如羿射九日落，矫如群帝骖龙翔，来如雷霆收震怒，罢如江海凝清光，

来如雷霆收震怒，罢如江海凝清光。绛唇珠袖两寂寞，晚有弟子传芬芳。

临颍美人在白帝，妙舞此曲神扬扬。与余问答既有以，感时抚事增惋伤。

先帝侍女八千人，公孙剑器初第一。五十年间似反掌，风尘鸿洞昏王室。

梨园子弟散如烟，女乐余姿映寒日。金粟堆前木已拱，瞿塘石城草萧瑟。

玳筵急管曲复终，乐极哀来月东出。老夫不知其所往，足茧荒山转愁疾。

品味此诗，公孙大娘精湛的技艺，表演时惊心动魄的气氛，如呈眼前。唐代之时，李白的诗歌、裴旻的剑舞，张旭的草书并称为唐代“三绝”。书法家张旭看了“公孙氏舞剑器，而得其神”。

四、尚武任侠之风

盛唐气魄，表现在一是政治上较开明；二是不设夷夏之防。中央王朝与内地和少数民族及外国交通联系紧密。这就使得侠客有了活动所必须的自由环境。北方少数民族的尚武习俗，也因之得以侵入。隋末和唐代有普遍的尚武任侠之风。当时关于任侠的记载，比比皆是。《旧唐书》载：刘弘基“少落魄，交通轻侠”；《隋书》说刘权“少有侠气，重然诺，藏亡匿死，吏不敢过门”；王頍“少好游侠，年二十尚不知书”等等。在尚武任侠的风习中，唐王室成员身体力行。唐太宗李世民本身就是一员猛将。据说他曾在战场上手刃千人以上。其兄弟建成、元吉等皆武艺超群，勇猛善战。明茅元仪《武备志》云："唐太宗有剑士千人。今其法不传，断简残篇中亦有歌诀。不详其说。"唐太宗手下集合的这一批猛士，在其政治斗争的关键时刻立下殊勋，"玄武门之变"一举消灭了他的对手，从而登上皇位。李氏家族尚武的传统，在很长一段时间保持着。

隋唐时期民间尚武之风亦甚浓厚。隋末少林寺僧助唐王李世民击败王世充便是突出例证。唐代诗人写侠客事的极多，李白便有一首著名的《侠客行》，其诗云"十步杀一人，千里不留行"，这该是何等的功夫；"二杯吐然诺"，"纵死侠骨香"，又该是何等的豪迈。李白的诗不仅是他浪漫的想象，也是他生活的真实写照。据说李白曾随名师学剑，剑术高超，他在《与韩荆州书》中写道："白，陇西布衣，流落楚汉，十五好剑术，偏干诸侯。三十成文章，历抵卿相，虽长不满七尺，而心雄万夫。"此文把一个能文能武之人的豪气表现得淋漓尽致。

五、枪术的长足发展与陌刀的出现

唐代长兵以枪为主，据《唐六典》卷十六记载，唐代的枪分漆枪、木枪、白干枪和朴头四种，但形制已无图可考。据说漆枪短，是骑兵使用的，木枪长，是步兵使用的；其余两种为皇朝禁卫军所用。

到了五代时期，还出现了使用铁枪者。

这一时期，不仅注重使用枪，而且也注意了避枪和夺枪技能的训练。如《旧唐书·尉迟敬德传》记载："敬德善解避矟，每单骑入贼阵，贼矟攒刺，终不能伤，又能夺取贼矟，还以刺之。"齐王元吉素骁勇，与之比武，竟弗能胜。

南北朝之后，钢刀一直是步兵和骑兵的主要武器。在唐代军队的标准装备中，只能看到刀制，而无剑制了。据出自唐·张九龄等所撰的《唐六典》卷十六记载：刀之制有四：一曰仪刀，二曰障刀，三曰横刀，四曰陌刀，今仪刀，盖古斑剑之类，晋守以来谓御刀，后魏曰长刀；皆施龙凤环；至隋谓之仪刀，装饰以金银，羽仪所执。障刀，盖以障身以御敌。横刀，佩刀也，兵士所佩，名亦起于隋。陌刀，长刀也，步兵所持，盖古之斩马剑。军中大量使用的是佩刀和陌刀。陌刀是由唐代时开始使用的新兵器，其前身是汉时的斩马剑。陌刀二面有刃，柄长四尺。

唐之后，史籍鲜见陌刀之踪迹。

六、少林寺与少林武术

少林武术从唐开始，久负盛名，为了便于全面了解和把握少林武术的发展，在此将不局限于一朝一代一时，将少林武术作为一个专题来加以阐述。要讲少林武术就必须了解少林寺。少林寺位于河南嵩山，公元495年北魏孝文帝为印度僧人跋陀而建。跋陀，或音译为佛陀、僧伽佛陀，印度人。大约在孝文帝元宏(467~499)"亲政"的太和十四年(490)前后，跋陀沿着丝绸之路东行，经过西域诸国，来到北魏国都平城(今山西省大同市)。跋陀在那里受到优厚的待遇。

雄才大略的孝文帝，为了进一步推行“汉化政策”并与南朝争霸神州，迁都至洛阳。当时孝文帝在洛阳为跋陀设立了“静院”，以供禅修，但跋陀“性爱幽楼，林谷是托。屡往嵩岳，高谢人世”。因此，孝文帝又为跋陀在嵩山建立少林寺。跋陀一面教弟子们坐禅，一面又辑出一些经义，供弟子们学习，他年迈以后，不再参与僧侣活动，一切委诸学徒，自修成业。他本人则移至寺外一间小屋养老。他觉得有一善神，常常伴随他，守护他。所以临终以前，他在屋门上亲手画了善神之像。跋陀还曾对弟子们说：“此少林精舍，有特别的神灵护卫着它；立寺之后，永不消灭!”据记载，直到9世纪，这屋门上的神像还保存着。跋陀是位灵感极多的画家，他所画的“佛林国人物图”、“器物样”及“外国兽图”，一直流传至唐末。

菩提达摩是继跋陀之后与少林寺有关联的印度僧人，唐人尊为“禅宗初祖”，是中国佛教史上最富传奇色彩的人物，以他为主题的绘画、雕刻等艺术作品也最为丰富，还流传着“一苇渡江”、“面壁九年”、“达摩影石”等故事。

对菩提达摩，至今我们所了解的可信的历史大约是这样的：菩提达摩是南印度婆罗门种姓，神慧疏朗，闻皆晓悟，志存大乘，冥心虚寂，通微彻数，定学高之。他以游化为务，在南北朝时期北渡至魏。他常常在嵩山、少室山一带头陀坐禅，随其所止，诲以禅教。“头陀”是梵文译音，又写作杜荼、杜多等等，意思是抖擞，即抖擞衣服、饮食、住处三种贪着之法，是用苦行锻炼心智，寻求解脱的一种方法。中国早期僧人中，有很多是持“头陀行”的。具体而言，“头陀行”就是穿衣只穿衲衣、三衣；乞食，无论好坏皆受而食之，每日正午前吃一次饭，过午不食；不住寺庙、民宅，而坐于远离人烟的林间、草地、坟冢间，并“常坐不卧”等等。达摩一派，在四祖道信以前，都是奉行头陀法的苦行僧。

大约在东魏初天平年间(534~537)，菩提达摩灭化于洛河之滨，葬于熊耳山前的空相寺。菩提达摩的弟子，有较详细资料可考者只有慧可与僧副。

少林寺位于河南嵩山中心，皇家敕建大寺，寺产庞大。为了保证安全，经朝廷认可，寺院拥有自己常备武装力量，即历史上有名的少林寺僧兵。少林寺僧兵的存在，是少林武术发源和发展的基本条件，而少林寺作为皇家寺院，与朝廷的关系和社会地位，是少林武术达到高水平的一个重要因素。少林武术，是中华武术的重要组成部分。少林武术以实战威猛、博大精深，早已饮誉天下，“拳以寺名，寺以拳显”。

1. 隋唐时期的少林寺

《皇唐嵩岳少林寺碑》记载了关于少林寺的两件大事。一条是：“大业之末，此寺为山贼所劫。僧徒拒贼，遂纵火焚塔院。瞻言灵塔(即跋陀遗身木塔)岿然独存。”此文中的“山贼”，可能是揭竿而起的暴动者；“僧徒拒贼”，显然是说大业末年，少林寺也遭到“山贼”劫掠。他们冲人寺内，抢粮抢物，放火焚烧塔院。不得已，寺僧便拿起木棍自卫。僧众武装保卫寺院。

另一条即是武德四年(621)四月廿七日，少林寺上座善护、寺主志操、都维那惠场等十三位僧人，暗中联合辍州司马赵孝宰、罗川县令刘翁重等人，里应外合夺取轘州城，生擒王世充之侄王仁则，归顺秦王李世民的事件。《皇唐嵩岳少林寺碑》记此事云：“寺西北五十里有柏谷墅，群峰合沓，深谷逶迤。复磴绿云，俯窥龙界。高顶佛日，傍临鸟道。居晋成坞，在齐为郡。王世充潜号，署曰辕州。乘其地险，以立烽戍。拥兵洛邑，将图梵宫。太宗文皇帝，龙跃中原，军次广武。大开幕府，躬践戎行。僧志操、惠场、昙宗等，审灵睠之所往，辨呕歌之有属，率众以拒伪师，抗表以明大顺，执充侄仁则以归本朝。太宗嘉其义烈，频降玺书宣慰……”

此事说的是这样一个故事，在隋开皇年间，少林寺曾受隋文帝杨坚赐给土地一百顷，皆在柏谷屯一带。这柏谷屯，在寺院西北约25千米，今属偃师县境内。王世充把柏谷屯改为“辕州”，让侄子王仁则驻守在那里。少林寺的土地这时自然都归了王仁则。少林寺僧众失去了斋粮的来源，度日更加艰难。

此时，隋朝的太原留守李渊，也在儿子李世民等的支持下于617年起兵反隋，并得到突厥的援助。次年五月，李渊称帝，国号“大唐”，年号“武德”。李世民称“秦王”。李渊等先据关中大部，又东下攻击王世充。

武德四年(621)三月，唐军大举包围洛阳，城中乏食，民死者十之八九。窦建德的援兵，也被秦王李世民击败。

王仁则所守的轘州城，即柏谷屯，地形险要，是扼守十八盘的战略要地。“群峰合沓，深谷逶迤。复磴绿云，俯窥龙界。高顶佛日，傍临鸟道”，易守难攻。李世民遣将李世劼夺下十八盘后，又派王君廓攻打辕州城，但久攻不下。

大业年间，少林寺“三纲”为寺主志操、上座善护、都维那惠场。这少林寺寺主志操是位有政治眼光的和尚。他审度天下大势，预见到唐朝将一统天下，便与众僧商议拿下这轘州城，投奔秦王。于是，一群少林僧人潜入城内，沟通了守城的军官赵孝宰；另一群少林僧人埋伏城外，待机而动。四月廿七日这一天，众僧里应外合，年轻而有武术功夫的昙宗等人擒拿了王仁则，赵孝宰等打开城门，唐军与少林僧人一拥而入，夺取了轘州城，归顺唐朝。而嵩岳寺的寺主明藏也响应义旗，派人送来了慰劳的军粮。

三天后(四月卅日)，秦王李世民派李安远(？~633)亲至少林寺宣慰，接见了立功的十三位僧人。这十三位立功的僧人是：上座善护、寺主志操、都维那惠场；大将军僧昙宗；同立功僧普惠、明嵩、灵宪、普胜、智守、道广、智兴、僧满、僧丰。李安远还带来并宣读了李世民的亲笔信。秦王李世民手书原件，于唐玄宗开元十一年(723)十一月四日，由唐玄宗交一行禅师转送少林寺。同年十二月廿一日，少林寺寺主慧觉取领。不久，即刻于石碑之上，立于少林寺内，至今尚存。

这就是后世演义的“十三棍僧助唐王”的故事。

2. 宋代的少林寺

《开封府题名记》载，宋代之时，登封县令楼异向吴居厚请求以修永泰陵的余力创修“面壁兰若”，获准后，乃于少林寺西北1千米处兴建，俗称“初祖庵”。

由于菩提达摩没有住过少林寺，故于寺外另设兰若，以应“革律为禅”后对禅祖的崇拜；但兰若归少林寺管理，所以二者又合而为一。久而久之，人们便称少林寺为禅宗之祖庭了。

清代李纯甫撰《重修面壁庵记》及《新修雪庭西舍记》(兴定六年立石)，是初祖庵中最有史料价值的石刻。

3. 明代的少林寺

明代少林寺僧兵甚众。据记载，明代的“僧兵”主要有三个来源，即少林寺、伏牛山中各寺和山西省五台山中各寺。

《明史·兵志》“乡兵”条云：“僧兵有少林、伏牛、五台。倭乱，少林僧应募者四十余人，战亦多胜。”

少林寺和伏牛山均在豫西地区。伏牛山则分布于嵩县、滦川县。由于地处偏僻，深山巨壑，人烟稀少，兵祸所不及，所以游僧动则千百为群，成为佛国。后来，少林寺有位则上人来到伏牛山，整顿禅林，使伏牛山僧知守戒律。伏牛山寺一向与少林寺关系密切。

从少林寺碑刻、塔铭资料可知，明代少林寺最重要的代表人物、第一位战功显赫的僧兵是“三奇和尚”周友(?~1547)。他在正德年间“蒙钦取宣调”，镇守山东、陕西布政使司(省)辖下的堡塞，屡立战功，御封为“都提调总兵”。他亦曾奉命统征云南，讨伐叛蛮。塔林中现存有“三奇友公和尚塔”，方形，单层三檐。塔额曰：“敕赐大少林禅寺，敕名‘天下对手，教会武僧’。正德年间蒙钦取宣调，镇守山陕等布政边，京御封都提调总兵，统任云南烈兵扣官，赏友公三奇和尚之寿塔。”立塔者为河南府仪卫司千长李臣及其弟子洪仲、洪良等人。

所谓“三奇和尚”，就是立过三次“奇功”的和尚。永乐以后，分军功为三等，即奇功、首功、次功。周友获得三次奇功，可见其英勇善战，武艺高超。

周友号称“天下对手，教会武僧”，有僧俗弟子一千多人。塔铭说他“僧俗徒众千外余名，山东并南北隶直、本省(河南)睢、陈、归德、钧、许等州，监扶(扶沟)西(华)遂(平)、堰(城)、郏(县)、襄(城)、宝(丰)、汝(州)宁(陵)、两蔡(上蔡、新蔡)、裕(州)、邓(州)、鲁(山)、雀(确山)，无不有教。”他在少林寺的弟子，有洪仲、洪良，法侄洪转、洪祐，法孙普

清，重孙广记、广顺等。

周友的法侄洪转，也是一位著名的武僧，他在万历初年已八十余岁，著有《梦绿堂枪法》一卷，从理论上总结了周友的枪法。继周友等人之后，少林武僧还参加了抗击倭寇的战役。

明代文人墨客笔下的少林武术精彩纷呈。明代万历年间以来，文人墨客的诗词、游记和笔记小说中多了一个生动的武僧题材。少林寺僧人习武，在明代达到高潮。万历年间的游记中，有不少关于少林僧人习武的描写。

王士性《嵩游记》(约作于1585年前)云：“寺八百余僧，自唐太宗退王世充，赐昙宗官，僧各习武艺俱绝。”

金忠士《游嵩山少林寺》(约作于1608年)云：“午刻，少参君招饮溪南方丈中，观群僧角艺。尽酒十巡乃起。”

袁宏道《嵩游》(作于1609年)云：“晓起出门，童白分棚立。乞观手缚，主者曰：‘山中故事也。’试之，多绝技。”

乾隆十二年版《少林寺志》收录了二首专写少林武术的诗歌，为万历末至天启年间的作品。

一首是公鼐的《少林观僧比试歌》。公鼐，字孝与，蒙阴人，万历廿九年进士，天启年间迁礼部右侍郎，史称“好学博闻，磊落有器识”。其歌云：“震旦丛林首嵩少，比丘千余尽英妙。战胜何年辟法门，虎旅从自参像教?我渡轘辕适中秋，晓憩招提到上头。袒裼攘臂贾余勇，抗声鼓锐风雷动。蠢目斜视伏阻趋，距跃直前霜鹘速。迅若奔波下崩洪，轻若秋箨随清风。崖目高眶慑猛兽，伸爪奋翼腾游龙。梭穿毂转相持久，穷猿臂接毚兔走。李阳得间下老拳，世隆取偿逞毒手。复有戈剑光陆离，挥霍撞击纷飚驰。狮吼螺鸣屋瓦震，洞胸散胫争毫厘。专门练习传流古，凭轼观之意欲舞。自从武德迄当今，尔曹于国亦有补。偶来初地听潮音，观兵何事在祇林？ 棒喝岂是夹山意，掌击宁观黄檗心?鼓泽载酒惬幽尝，崖桂高悟对潇森。一时佛谓散空花，庭音满院风泉响。”

这首诗展现了370多年前少林寺千余武僧清晨操练的壮观场景，如身临其境，目见其人，耳闻其声，感沛于不可战胜的浩然正气之中。

少林拳的一个突出特点是“拳打一条线”，“蠢目斜视伏阻截趋，距跃直前霜鹘速”一句，恰到好处地表现了这一特点。

在交斗中，有虚有实，刚柔相济。用力时，如山洪崩泻，不可阻挡；虚晃时，似秋风吹落叶，一闪而过。这就是“迅若奔波下崩洪，轻若秋箨随清风”的巧妙之喻。

少林拳素有“龙拳练神，虎拳练骨，豹拳练力，蛇拳练气，鹤拳练精”的“五拳要领”。歌辞中“崖目高眶慑猛兽，伸爪奋翼腾游龙”一句，便是精彩的概括。

少林武术在实战中必须把招招势势融入攻杀和防守的动作中，还要善于指上打下，声东击西，佯攻而实退，似退而猛进。所谓“梭穿毂转相持久，穷猿臂接毚兔走”，正是与敌周旋，麻痹对手，寻找战机。而“李阳得间下老拳，世隆取偿逞毒手”，一旦抓住可乘的瞬间，就予以致命的打击。

公鼐赞扬了少林武僧“洞胸散胫争毫厘”、“袒裼攘臂贾余勇”的英雄气慨，肯定了其“尔曹于国亦有补”的社会功能，但也提出了怀疑：“棒喝岂是夹山意，掌击宁观黄檗心?”禅宗的“棒喝”、“掌击”，是为弟子们“顿悟”佛法而设的法门，而今戈剑挥霍，下老拳、逞毒手，不是背离了佛法和戒律么?

《少林寺志》所收的另一首程绍(字公叶，德州人，万历十七年进士，曾任河南巡抚)的《少林观武》七律诗，却回答了这一问题。诗云：

“暂憩招提试武僧，金戈铁棒技层层。刚强胜有降魔力，习惯轻携搏虎能。 定乱策勤真证果，保邦靖世即传灯。中天缓急无劳虑，忠义毗卢演大乘。”

程绍说，这叫做“定乱策勤真证果，保邦靖世即传灯”。

把儒与佛统一起来，正是中国佛教的特点。自北朝以来，历代高僧不是把皇帝当成“现在佛”么?“谈玄更演武，礼佛爱论兵”，一旦成为时尚，也就见怪不怪了。

少林武术在明末已传入日本。杭州人陈云（1587~1671)在二十七岁时曾入少林寺从师习武一年之久，于1638年东渡日本，寓止于江户西久保区(今东京)国正寺，收了三浦义辰、福野正胜、矶贝次郎、左卫门等一批日本弟子，传授少林擒拿跌扑之法。明亡(1644)，陈氏怀思故国，竟客死于异国他乡。

4. 清代的少林武术

清雍正年间一度禁止汉人习武，少林寺武僧只有偷偷传习，在公开场合则讳莫如深。道光八年(1828)三月，满洲镶黄旗人麟庆(字见亭，完颜氏)，代表巡抚杨国祯(字海梁)祭祀中岳庙，并来到少林寺。麟庆向主僧问“拳法”之事，主僧讳言不答。他便说：“少林拳勇，自昔有闻。只在谨守清规，保护名山，名正不必打诳语。”主僧笑诺，乃选健僧校于殿前，熊颈鸟伸，果然矫捷。

少林寺的白衣殿内，保存有清末所绘的武术壁画（图5-1），生动地再现了这一事件。在北墙上所绘的观武人员

图5-1　拳术演练(清代)

此图是白衣殿壁画的局部。表现了少林寺僧演练拳术的情景。(河南省登封县少林寺白衣殿)

中，有满人麟庆(1791~1846，时为河南按察使)及其随员的形象，画中武僧可分为十五组，或练拳，或持刀、枪、剑、戟、棍、鞭对打，此壁画十分珍贵，基本上反映了清末少林武术的面貌。这也表明，此时习武已是官方许可的行为，不再讳莫如深了。

在少林寺东北数十千米的巩县“三官庙”中，也发现了晚清所绘的武术壁画。东壁画“拳术”，西壁画“棍术”，均绘于方形界格内，共计二十二幅。弄拳者皆头结发髻，裸上体，下着宽裤，卷起裤腿，足穿圆口布鞋。使棍者的形象亦相同。从题榜中可知，拳术的套路有“太山黑白跌势”、“倒骑龙”、“探马势”、“豹单鞭”、“高四平”、“燕子飞天”、“雁翅侧飞势”、“低四平”等等；棍术有“回头势”、“滴水势”、“齐眉杀势”等等。

清代，少林寺习武之风极盛。今之少林寺毗卢阁(又名千佛殿)内，青砖地面上尚存当时寺僧练功形成的48个凹陷脚窝，就是少林寺武僧长期从事武功训练的有力佐证。

5. 20世纪以来的少林武术

民国时期，少林武术曾是“国术研究馆”主要学习和研究的内容之一。然而当时的军阀混战，又给少林寺带来了灭顶之灾。1928年，国民党军冯玉祥部石友三与建国军樊中秀战于河南，石友三攻占少林寺后，为泄私愤，便纵火焚寺，大火延续40余天，殿堂楼阁等古建筑全被夷为平地，大量珍贵文物也一同化为灰烬。至此，千载少林寺之精华，悉遭火龙浩劫!

新中国成立后，少林寺和少林武术又获得了新生。党和政府不但拨专款修复少林寺，而且对少林武术的发展也十分重视。特别是1982年，香港中原影业公司功夫片《少林寺》的公映，使少林武术兴旺空前。

1991年冬，永信禅师率少林寺武僧团出访日本，在京都达摩寺发现了大正九年(1920年)的少林寺照片四十八张。从这批照片中得知，当年少林寺的主轴线上，自南至北依次是山门、天王殿、大雄宝殿(内供三世佛)、法堂(又名“藏经阁”)、方丈室、达摩亭及千佛殿。天王殿内东角为钟楼，西角为鼓楼。大雄宝殿东侧是紧那罗殿，西侧是六祖堂。千佛殿东侧是白衣大士殿，西侧是地藏王殿。此外还有一个“跋陀殿”，其位置不详。这批照片成了至为珍贵的历史资料。

6. 《易筋经》与少林武术起源的传说

20世纪初曾有“少林武术起源于达摩”之说，而后几十年来此说法广泛流传于社会上。而事实上，少林武术与达摩到底有无关系呢？综合到目前为止的研究，我们可以肯定的说：少林武术是我国劳动人民智慧的结晶，与达摩毫无关系。

那么传说由何而来的呢？通过许多历史学家与武术学家的研究我们可以得知，唐及唐代以前并没有任何关于达摩传教武术的说法。到了宋代，在《宋史·艺文志》载，有“僧菩提达摩《存想法》一卷，又菩提达摩《胎息诀》一卷”，“僧慧可《达摩血脉论》一卷”。但这《存想法》及《胎息诀》各一卷，实系宋代人托名达摩编造，是用以练气养神的。

到了明代天启四年(1624)，天台山紫凝道人宗衡造了一部《易筋经》，托名是菩提达摩撰写的。为了神乎其事，宗衡又编造了两篇序言，一篇是唐初名将李靖，序于贞观二年(628)；另一篇是南宋初年名将牛皋，序于绍兴十二年(1142)。

李靖的序言说：达摩死后，留下一个铁箱。僧徒们开箱后，发现内存《洗髓经》及《易筋经》各一部，都是用天竺梵文所书。《洗髓经》被慧可取走，已经失传；《易筋经》虽存于少林寺，但只能看懂一小部分，于是僧徒们便“各逞已意，演而习之，竟成旁门，落于技艺，失修真之正旨。至今少林僧众仅以角技擅名，是得此经之一斑也”。后来，经西天竺僧般刺密谛译出，辗转到了虬髯客手中。虬髯客又传给了李靖，谓之“仙圣真传”。

牛皋的序言则说，他在行军途中，遇到一个游僧，自称是岳飞的老师。游僧感叹岳飞“名虽成，志难竟，天也!命也!”他请牛皋转送给岳飞一个小箱，内盛《易筋经》一册，然后便称西访达摩，飘然而去。不久，岳飞为奸人所构，这部书就由牛皋传了下来。

由于宗衡编造的这两篇序言，才有了后来“少林武术起源于达摩”之说。

《易筋经》作为一种养生功法不失为是我国一种健身的好方法，历来在民间很受欢迎。最初，《易筋经》只有抄本流传。清嘉庆十年(1805)，有了祝文澜的刊本。至道光三年(1823)，又有市隐斋刊本。咸丰八年(1858)，由少林寺传出一本，改名为《卫生要术》。王祖源在少林寺住三个月，得到一本《内功图》，一本《枪棒谱》，内容与《卫生要术》相同，他删去“羽流邪说”后，于光绪七年(1881)刊印，另定名为《内功图说》。晚清诸种版本，在《易筋经》的基础上，又补充了许多内容，一部分则抄自乾隆三十六年(1771)徐鸣峰编的《寿世传真》。近几年来，我国体育总局健身气功管理中心组织专家学者对于《易筋经》进行了深入的研究和整理，并在全国甚至世界上大力推广这一健身方法。

七、我国寺院为何尚武

我国寺院为何有崇武习武的传统？体育考古工作者经过大量考证后认为，宗教活动的传播和寺院经济的发展，是促使武术活动在寺院得以发展和流传的根本原因之一。

在中国武术史上，以佛教文化和道教文化与武术的关系较为密切。佛教自东汉传入之后，数百年间有极大的发展，特别是从公元5世纪末，遍布全国各地的寺院已不计其数。两晋、南北朝的统治者十分崇佛，如梁武帝曾三次舍身入寺为佛服役。北魏孝文帝太和十七年(493)由平城迁都洛阳后，在洛阳大修寺庙，仅此一地即有寺庙数百所。佛教与武术密切联系的典型代表嵩山少林寺就建于此时。

（1）由于战乱频繁，尚武成为社会需要。佛寺习武的首要原因是为了保护寺院财产。由于相当多的寺院分布在人烟稀少的山谷和林地，为了保驾护院，需要僧侣们有自我保护的能力。不少寺院不仅开始习武而且拥有一定数量的武装力量。据《魏书·释老志》载，北魏太延四年(438)，太武帝在长安某寺院发现大量武器，并因此怀疑寺庙可能与叛臣合谋作乱，可见当时寺庙习武已较多。

另外，由于帝王崇佛，多有赏赐，许多寺院拥有田产及大量财物。《续高僧传》记了一位武功非凡名叫明恭的和尚：明恭“住郑州会善寺”，会善寺“曾与超化寺争地。彼多召无赖者百余人来夺会善秋苗”。“乃取大石可三十人转者，恭独掂之如小土块，超化即见，一时惊走”。这段记载表明，寺庙不仅要防卫乱兵盗贼，就是寺庙之间也还有争夺财产之事，需要用武力保卫。当时僧人中会武者不少，有的僧人还参加反叛动乱。僧人叛乱被镇压之后，不少被强制充军或还俗为民。如前述魏太武帝怀疑僧人作乱，下令年五十以下的和尚为民或充服兵役。但事过之后，一旦帝王复倡佛法，如北魏文成帝(452 ~ 465)即位之后，大崇佛教，一些被充军和尚复归寺庙。由于当过兵，他们对推动寺庙练武起到了促进作用。

（2）寺庙习武，与武术的健身性娱乐性有一定关系。僧侣们每日的诵经和打坐，需要寻求一种健身的活动来增强体魄。僧人们就习武锻炼，以解除身体的困倦。寺院僧徒的健身活动，主要有两种，一是禅定的修炼，一是民间流行的健身之法。《续高僧传》载："宫中常设曰百僧斋，王及夫人手自行食。斋后消食，习诸武艺。"表明习武有健身与娱乐的因素。《洛阳伽蓝记》详记了寺庙佛节庙会游乐盛况。洛阳禅虚寺，"寺前有阅兵场，岁终农隙，甲士习战，千乘万骑，常在于此"。在这阅兵场上经常开展武术表演和较武角力等活动。

(3) 传经、护送"佛舍利"等佛教经济活动的开展，使一些单纯的健身活动又同保驾护寺等武术活动密切来联系起来，逐渐演变成一种表演与实用相结合的武术。特别是在一些大型节日和佛事活动期间，各寺院又相互表演和比赛助兴，使得崇尚武术一时蔚然成风。同时古代寺院本身的一些建设活动需要寺院工匠有强健的体魄。各大寺院都占有大量耕地，每日耕作也需要有强健体力作支撑。

上述史实，表明南北朝时期寺庙已开始习武，此后佛教便与武术结下了不解之缘，少林武术便是在这样的历史背景下发端的。

第六章　宋元时期武术的兴衰

公元960年宋朝勃兴，中国的物质文明进入了一个划时代的新阶段。农业技术的新发展、新土地的开垦以及农产量的提高，奠定了宋代经济繁荣的基础。城市商业和手工业得到了迅猛的发展，出现了以商人为代表的新富人阶层，促进了饮食文化、茶文化、建筑和居住文化的发展。传统的科学技术呈现出前所未有的颠峰状态，货币流通中纸币的出现与扩大、火药及火球投掷器的发明、罗盘针用于航海、造船技术中防水隔壁的发明等，都出现在宋朝。同时官僚政治取代了贵族政治也不能不说是政治上的一大进步。历史学家们普遍认为：宋代物质文明和精神文明所达到的高度在中国整个封建社会中可以说是空前绝后的。张择端画于1126年的《清明上河图》，形象地再现了北宋鼎盛时期东京的繁华景象。武术在这一时期的发展也呈现出勃勃生机。随着契丹、女真、蒙古族人的相继南下，连年不断的战争阻断了这一发展势头，南宋走向衰亡。其后在元朝统治的九十几年间，为了巩固自己的统治，元王朝竟先后十多次下禁令，不许汉人收藏兵器、制造兵器，甚至不许练武、打猎。但元朝毕竟是我国历史上又一个民族大融合时期。随着各民族经济、政治、文化的交流，武艺活动也得到一定的相互渗透和影响。

一、宋朝军中武艺

在阶级矛盾和民族矛盾尖锐复杂、军事斗争激烈紧张的形势下，宋元时期的军事教育和训练大大加强，以骑射为中心的武艺训练得到进一步完善。因此，宋元的军事教育与训练都有许多新发展（图6–1）。

图6–1　武学图

宋代募兵时，先量身材，“次阅走跃”，重视身体素质的考核。在训练方面，北宋时多次颁布“教法格”，对训练内容、训练方法、使用器械均作了明确规定，成为训练的法典。如在神宗元丰二年（1079）九月颁行的《教法格并图像》“步射，执弓、发矢、运手举足、移步；能马射，马使蕃枪、马上野战格斗、步用标排，皆有法像。凡千余言，使军士涌士焉”。同时，关于考核方面也作了明确详尽的规定。宋神宗熙宁元年（1068），“诏颁河北诸军教阅法：凡弓分三等，九斗为第一，八斗为第二，七斗为第三；弩分三等，二石七斗为第一，二石四斗为第二，二石一斗为第三”。而且宋代的军队训练中还十分注重对军队训练经验的总结推广。不论是训练经验的推广，还是教法格的实施，都须有专职人员进行传习，因此“教头”便应运而生。庆历四年，“遣官司人陕西阵法分教河北军士”，就是中央派出教头推行教法格的。王安石的《将兵法》使其作为一种制度确定，要求中央派出武艺高强者到各路军中充任教头，“使兵知其将，将练其士”。元丰元年（1078）曾向各路派出巡回教头队。并且为满足各路军中教头的需要，还采取短期培训或轮训的办法训练基层教头。

此外，宋代军队的武艺表演也很盛行，马端临《文献通考》卷152《兵四》载：“太宗选军中勇士，教以剑舞，皆能掷剑凌空绕身，承接妙捷如神。每契丹使至，赐宴，乃出以示之。凡数百辈袒裼操梃刃而入，各献其技，霜锋雪锷，飞耀满空。及亲征太原，巡城耀武，必以剑舞前导，观者神耸。”这种看起来令人“神耸”的徒步集体表演，一方面声势增大了，另一方面难度和实用性却是明显减退了。

二、宋代武举与武学

宋代武举，始于宋仁宗。武举考试先试骑射，然后试策。“以策为去留，弓马为高下。”可是不久就停止了（《宋史》卷一五七，《选举志》三）。

后来，虽然也曾设立武学和恢复武举，以马射、步射、武艺、策略作为教学和考试，但是并不被人重视。宋代武举考试程序分四级：比试、解试、省试、殿试，每级考试的内容包括两大部分：武艺和程文。武艺常分弓步射、弓马射、弩踏、抡使刀枪器械等课目。程文包括策问与墨义。所谓墨义试，即讲释《韬》、《略》、《孙》、《吴》、《司马》诸兵书大义，“以能用己意或引前人注说解释义理明畅者为通”。所谓策问，即以时务边防或经史事涉兵机者为问题，限七百字成文。

宋代武举考试内容兼顾文武最大的意义在于促进了武艺人向文武兼备方向的发展，是对武艺人重武轻文现象的一种纠正。

宋代武学始于仁宗庆历三年(1043)五月，经三月而废停。神宗熙宁五年(1072)复建武学于武成王庙。“武学生员以百人为额”。当时对武学入学的资格作了不同规定：在京无品位低级使臣、门荫子弟、平民。

北宋元丰三年（1080）四月，宋神宗下诏交定《孙子》、《吴子》、《六韬》、《司马法》、《三略》、《尉缭子》、《李卫公问对》七种兵法，称为“七书”，并雕版刊行，颁之武举，定为武学必读书，这是史上著名的《武经七书》（又名《武学七书》或《七书》）的来源。宋朝南渡以后，又规定武举考试以《七书》命题。《武经七书》是我国古代兵书史上第一部军事丛书，是我国众多古代兵书中的精华。

三、民间结社组织的兴起

两宋社会是以自然经济发展作为基础的。这种一家一户小农经济的生产方式，带有很大的区域性，造成不同地区的相对封闭。同时在封建宗法制度的影响下，乡社的向心力很强。宋代农村武艺结社就是在乡村的基础上建立的。

《宋史·兵志》载：神宗熙宁三年（1070）十二月，知定州藤甫言：“河北州县近山谷处，民间各有弓箭社及猎射人，习惯使利，与夷人无异。”哲宗元佑八年（1093）十一月，知定州苏轼言：“今何朔西路被边州军，自澶渊讲和以来，百姓自相团结为弓箭社，不论家业高下，户出一人，又自相推择家资、武艺众所服者为社头、社副、录事、谓之头目。带弓而锄，佩剑而樵，出入山坡，饮食、长技与北虏同。私立赏罚，严于官司府。”弓箭社是自发的民间组织，入社者各置弓一张，箭三十支，刀一口。在乡社基础上建立的弓箭社，当时遍及河北北部广大地区，人数之多、范围之广是罕见的。

北宋末至南宋初，各地乡村居民还组织了寓兵于农的抗金武艺组织“忠义巡社”。“河朔之民，愤于贼虏，自结巡社”，或忠义社。他们“各随乡村多寡团结，推择豪右从年服者，以为正、副，置枪杖器甲之属”。忠义社除“依时农作”外，就是御贼备战“。他们“尝于庄井附近便处”，“教习武艺”。忠义巡社当时遍及山西、河北、河南、山东诸省，发展规模甚大。

在农村中以“社”、“堡”、“山寨”形式出现的武艺结社组织，活动规模较小，他们多劳武结合，行侠仗义于村落间。有的则以这种形式积蓄反抗力量，而后发展成大规模的农民起义。农村结杜组织的武艺活动，开展的目的、范围、程度不同，有的是防御外族侵掠的，也有以反抗封建压迫、剥削而结社的。但这些结社仍有共同点，这就是都具有较强的军事训练性质，即突出了实用性。以弓弩等冷兵器为主的军事技能训练，刀、枪等均为当时结社组织的主要装备和训练内容。这类结社组织的习武有着明显的技击特色，与军事武艺有着密切的关系，可以说农村武艺结社组织的出现，在推动我国民间武术发展上发挥了很大的作用。

在农村结社组织发展的同时，城市结社组织也在发展，但城市的结社与农村有很大的不同。宋代的城市改变了汉、唐以来城市中封闭式的坊里制度，形成开放式的大街小巷。随之而起的是商业的繁荣。由于商品经济活跃，城市人口大大增加。《东京梦华录》称汴京“人烟浩穰，添十数万众不加多，减之不觉少”。这庞大的市民阶层，除了物质生活外，对文化生活的需求也在不断扩大和提高，由此而兴起了以健身娱乐为主要目的的武艺社团。

南宋时期都城临安府(今杭州)出现了争交的“角抵社”、“相扑社”；射弩有“锦标社”、“川弩社”、“射水弩社”、“川弩射弓社”、“射弓踏弩社”；使棒的有“英略社”等。据《西湖老人繁胜录》载，每社“不下百人”。社的成员因社不同而异。如“射弓踏弩社”，成员大都为武士，要求“能攀弓射弩，武艺精熟，射放娴习，方可入此社耳”。角抵、相扑社大都是有膂力的角抵手；参加武艺结社的成员，大都具有一定的技艺水平，多是市民阶层的人们，这些志趣相同的结社者，互称为“社友”。这些人入社习武，主要是为了习武练技，强身健体，娱乐消闲。这些结社组织活动较为广泛，有的在瓦舍、勾栏的“游棚”之处，“作场相扑”、“使棒作场”；有的在庙台或教场，如相扑在“庙上露台”，走马、射弓则在“庙东大教场内”；活动时间大都在节日迎神赛会或节日演艺集会上。城市结社组织的活动特色是注重以表演、娱乐为主，与当时北方农村以习武御敌为目的而组成的“弓箭社”和“忠义巡社”等有极大的不同。

四、城镇商业繁荣与武艺人的表演

宋代城市商品经济活跃。北宋京城汴梁、南宋京都临安，都是工商业荟萃的大城市。商业经济的繁荣，市民阶层的壮大，推动了市民文化的兴起。商业化的习武卖艺蓬勃发展起来，出现大量的以练武卖艺为职业的民间艺人。由于他们的走街串巷，带动了武术较为广泛的传播。

“瓦舍”是宋代城市中出现的群众性游艺场所。在南宋临安城内，瓦舍比比皆是。据《梦梁录》、城市瓦舍的出现，为大批职业艺人提供了相对固定的表演场地。

据《梦梁录》载：“瓦市相扑者，乃路岐人，聚集一等伴侣，以图标手之资，先以‘女飐’数对打套子，令人观睹，然后以膂力者争交。”让“女飐”在相扑表演之前打套子（即是后来所谓的套路），显然是招徕观众，这种按一定程式进行“套子”的表演在宋代已经形成。套是互相衔接之意，动作之间能够势势相承，套路在宋代的出现标志着古代武术经过长期的发展已经趋于成熟。

宋代的相扑也叫“角抵”、“争交”。宋代角抵活动兴盛，不仅是宋廷宴会上的表演节目，也是城市瓦舍中极受老百姓欢迎的项目。相扑除男子外，还有女子参加。

宋代角抵相扑活动有两类：一类是平常在瓦舍等平民游艺场所的表演；另一类是作为正式比赛，有所谓“打擂”的性质，比赛不分体重等级，有正式的规则叫“社条”，执行规则的裁判叫“部署”。

宋代相扑已具有较为完备的体系，以打擂出现的比武形式以及具有体育意义的相扑比赛已经开始形成。

五、宋杂剧小说与武术

早在汉代，中国戏曲的开端时期，武术即成为戏剧之重要组成部分。汉代有一出角抵戏《东海黄公》即为一例。三国时宫廷戏中亦出现武打场面。至南北朝时期，宫廷戏剧有进一步的发展，到了宋代，杂剧、小说、讲史、各种傀儡戏、影戏等相当兴盛，其中不乏有武艺的内容。武术作为一种文化现象，它和整个文化艺术的发展变化是紧密相联的。

北宋时杂剧的名称还没有严格的界限。有时也指傀儡，有时也指角抵一类的技艺。在当时的汴京，最受欢迎的杂剧可能要算《目莲救母》。《东京梦华录·中元节》说："构肆乐人，自过七夕，便搬《目莲救母》杂剧，直至十五日止，观者增倍。"《目莲救母》是一出武打戏，大多是演员们的武术表演，如"外扮武将上舞介"、"净生接长人上舞枪介"等，充满了整个剧情，一出戏要演七八天。正因为有武打的精彩场面而受到观众的欢迎。据《东京梦华录》载，北宋末年的杂剧已有"棹刀、蛮牌"、"小儿相扑"、"杂剧"、"角抵"一类的技艺。南宋时杂剧，在各种技艺中成为首要的品类。《都城纪胜·瓦舍众伎》中说："散乐，传学教坊十三部，惟以杂剧为正色"；"杂剧中，末泥为长，每四人或五人为一场，先做寻常熟事一段，名曰'艳段'；次做正杂剧，通名为'两段'；最后还有后散段'杂扮'"。宋代杂剧中也有武艺的内容。现存《永乐大典·戏文》中有《张协状元》一出，戏文中有"十八般武艺"之说。宋杂剧《飞刀对箭》中也有武打的场面。除了杂剧，傀儡戏也是宋代民间流行的表演艺术。它利用各类偶人可以作多种题材的表演。据《都城纪胜》载，傀儡戏主要表演烟粉灵怪故事以及铁骑公案之类的题材。由于用偶人表演，所以更宜于演"多虚少实"的神鬼及打斗故事。宋代小说讲经史中，更常常是离不开朴刀、棍棒等打斗离奇的情节，引人入胜。

我国古代文学名著《水浒传》中有描写武打名目的约二百五十次，包括十八般兵器和徒手武艺的内容。《水浒传》第二回："史进每请王教头点拨十八般武艺，从头指教。"

除了兵器武艺外，还形象描写了诸多具体的武艺动作，有“拨草寻蛇势”“旗鼓势”“鸳鸯势”等。《水浒传》虽成书于元代，但所写的是宋代故事，从中也反映出宋代的武艺内容。

六、《角力记》其书

《角力记》是较早记载角抵手搏的专著，是珍贵的武术资料。此书出现于宋代。据《宋史·艺文志·卷五》记载，《角力记》的作者是调露子，但调露子的真实姓名和年代还不清楚，有待考证。

《角力记》全书共分述旨、名目、考古、出处、杂说等几个部分。它详细地介绍了摔跤名称的演变，有的称“相搏”，有的叫“角抵”、“相扠”、“角力”、“手搏”、“拍张”等等。

《角力记》中还记载了古代摔跤的规则：只能是两人徒手互相角力，即使在两军阵前，摔跤赌胜也不许其他将士协助。倘有一人手持兵刃，那就不能算作摔跤。至于比赛时间和采用的动作，在《角力记》中并没有明确的规定，可以拳打脚踢、夹头颈和扭关节等，但最终必须把对方摔倒或使之失去战斗力才算获胜。

《角力记》的后一部分记载了摔跤比赛的实况，其中最热闹的是正月十五上元节。在“角抵对”表演时，经常出现“万人空巷”的盛况。

《角力记》的作者对角力的产生和发展作了较为系统的研究和总结，对角力作了公正的评价，在书中充满感情地讲“惟力也，岿然独存”。作者实事求是地从民俗的崇尚、社会的发展、地理环境的影响等方面对角力的产生发展进行了全面的论述。

角力作为徒手搏斗较量力的含义来讲，最早出现于战国中期，《庄子·人间世》说：“且以巧斗力者。始乎阳，常卒乎阴，泰至则多奇巧。”已说明角力在当时具有一定的技巧水平。《荀子·议兵》所谓“齐人隆技击。”孟康注《汉书·刑法志》“齐愍以技击强”云：“兵家之技巧，技巧者，习手足，便器械，积机关，以立攻守之胜。”这种以“搏”为主的“技击”发展到汉，便是“手搏”。《汉书·艺文志》记“手搏六篇”，就是先秦以来技击相搏等方面的总结。

古人所说的角力范围很广泛，用单一的摔跤，或相仆、或拳术来说它都是不全面不准确的。“角力”一词的意思，从广义来说，是比较力量，甚至连军事力量的决胜负也称“角力”。狭义的古代角力是指以徒手搏击，把对方摔倒于地，可置对方于伤，也可置对方于死。角力作为专用名词，是在东汉后期才开始出现。至于形成单一性的运动项目专指摔跤而言则是近代的事了。

七、元代军中武术与民间禁武

在宋代（960~1279）的三百多年间，其同时还存在着其他四个少数民族建立的政权，辽（916~1125），西夏（1038~1227），金（1115~1234），大蒙古国（1206~1271）。辽人（契丹）全民皆兵，善骑射，也喜角抵。金人也十分喜爱习武活动，他们善骑射，而且以武举选拔人才。西夏是以党项羌为主体的多民族的政权，人人善骑射，由于西夏地处丝绸之路，受到多种文化的影响，兵器的制造上非常精良。

公元1206年，铁木真被公推为“大汗”，号“成吉思汗”，正式成立了大蒙古国。蒙古人善骑射。蒙古铁骑在七十多年间横扫了欧亚大陆，灭西辽（1218），灭西夏（1227），攻占莫斯科（1238），维也纳（1241），占领巴格达（1258），大马士革（1260），灭南宋（1279），从朝鲜半岛到中欧，从广州到巴格达，都统一在一个空前绝后的政治霸权之下。

公元1271年，元世祖忽必烈建立元朝（1271~1368），1279年攻灭南宋，重新统一了全国。元代为巩固其政权，建立了拥有十万士兵的常备军，同时又成立了一万名的侍卫军。据史料介绍，元代军队训练除安排了蒙古族擅长的骑马、射箭、摔跤项目外，仍保留了传统武术的主要项目，如剑(单、双)、刀(单、双)、枪、棍、槌、斧等。《元史》载，国宝“击剑学书”；邓弼“善双剑”；王英“善用刀，号之曰刀王”；别的固“善刀舞，尤精骑射”等等；说明元军中，武术高手不少。军队中武术的开展，使武术这一传统项目在元代得到继承，并非因元代禁习武艺而使武术中断。元军善骑射，用标枪，短刀短剑随身带，双刀技术很高。

元朝为了自己的统治，建立民族等级制度，并先后十多次下禁令，不许汉人收藏兵器、制造兵器，不许练武、打猎。但元代毕竟是我国历史上又一个民族大融合时期。随着各民族经济、政治、文化的交流，体育活动也得到进一步相互影响和渗透，因此，元代武术在这一历史进程中仍有所发展。纵使元代统治者在一定时期实行了民族歧视和民族压迫政策，严禁民间、尤其是汉族练习武艺、角抵等运动，但是，武术仍以不同方式沿袭、生存、发展下来。史料表明金元时期的“角抵”中，不完全是摔跤、相扑，有时还夹杂着拳击之术。元代诗人胡祗遹《相扑二首》描写元大都角抵表演赛，诗云：“满前丝竹厌繁浓，勾引耽耽角抵雄；毒手老拳毋借让，助欢鼓勇兴无穷。臂缠红锦绣裆襦，虎搏龙拿战两夫；自古都人元尚气，摩肩累迹隘康衢。”诗中描写了元大都人们踊跃观看角抵的盛况。从描述中。可以看出当时的角抵中，还有着拳击、擒拿的动作，不完全是摔跤。

八、“元曲”与“十八般武艺”

元曲，在我国文化宝库中是一颗明珠。元代人民在当时“禁习武艺”的情况下，巧妙地利用戏剧这一特殊艺术，将曲艺与武艺结合起来。以曲艺为门面，以武术为表演内容，以舞台为阵地，融曲艺、武艺为一体，既丰富了曲艺的表现力，又合法地保留与发展了武术套路技术，实为中国古代武术发展的绝妙手法。曲艺与武艺相结合，互为补充，互相促进，使一些套路技术艺术化了，提高了武术套路的观赏价值。据史载，元代与武艺有关的剧目有：《李逵负荆》、《关大王单刀会》、《单鞭夺槊》、《关张赴西蜀梦》、《三战吕布》、《梦断杨贵妃》、《追韩信》等，不少剧目都有武打动作出现，斧、刀、鞭、剑、枪等长短器械都有所体现。

中国武术中的“十八般武艺”之说在元代已经广为流传，元代流行于民间的戏曲唱本《敬德不服老》中唱道：“想着俺初降唐时分，侍君竭力正其身；凭一十八般武艺，定六十四处征尘”；“他十八般武艺都学就，六韬书看的来滑熟”。

而关于“十八般武艺”的具体内容，最早见于施耐庵所著小说《水浒传》第二回，史进“十八般武艺，矛、槌、弓、弩、铳、鞭、锏、剑、链、挝、斧、钺并戈、戟、牌、棒与枪、扒，——学得精熟”。该书成于元代，所写的为宋代故事，说明宋代武术的内容已非常丰富和多样。后人对十八般武艺的内容也有多种记述，所列项目不尽相同。明人谢肇淛在《五杂俎》记载“十八般武艺”为“弓、弩、枪、刀、剑、矛、盾、斧、钺、戟、鞭、锏、挝、殳、叉、把(爬头)、锦绳、白打”。实际上，武艺远不止十八般。“十八般”一词可理解为众多之意。

九、“那达慕运动会”对元代武术的影响

那达慕运动会是蒙古族人民的体育盛会。“那达慕”是

蒙语，译成汉语是“三项比赛”的意思。三项比赛指的是射箭、赛马和摔跤。该运动会每年秋季举行。

蒙古民族自古以来都以游牧为业，逐水草而居，以放牧射猎为生，因此，练就了骑马、射箭的高超技能，“三项比赛”也成了他们的民族爱好。

那达慕最初带有宗教色彩，成吉思汗统一蒙古诸部之后，宗教内容逐步减弱，三项比赛依然进行，形成了“那达慕运动大会”的形式。后来，比赛内容增加了象棋、歌舞等。那达慕每年举行，客观上对武艺产生了全面影响，促进了民间习武活动。

总之，元代是一个多民族统一的大融合时期，元代统治者禁止民间习武，对这一时期的武术发展有一定的抑制作用，但传统的武术仍然在民间有一定的流传。武术与戏曲结合搬上舞台，进一步丰富了武术的艺术感染力，促进了武术套路技术的发展。而“十八般武艺”名称的出现，为后世武术家整理、归纳武术内容提供了基本思路。

第七章　明清时期古代武术走向鼎盛

公元1368年，朱元璋建立了明王朝。明王朝建立之初，发布了《大明律令》，恢复了传统的科举考试，此举对我国的政治和文化有着意义深远的影响。同时，明王朝采取了卓有成效的经济恢复措施，加强了制度建设，因此出现了强盛的社会局面，成为我国封建社会经济大发展的一个时期。经济的发展促进了科学文化技术的进步，如郑和下西洋是世界航海史的创举、李时珍《本草纲目》的问世、徐光启撰写《农政全书》等等。明中后期，社会矛盾十分激烈，海上走私贸易与倭寇猖獗，内乱外患的困境使明朝走向衰亡。公元1644年，中国历史上最后一个封建王朝建立，清王朝建立后采取了一系列措施，稳定了封建社会的统治，出现了历史上所谓的“康乾盛世”，社会政治、经济、文化呈现了短暂的繁荣景象。此后逐渐衰落，直到1911年的辛亥革命推翻了清王朝，才结束了中国长达两千多年的封建社会。

一、明清时期是中国古代武术发展的鼎盛时期

明清时期是中国古代武术发展史上的鼎盛时期，主要表现在：古代武术体系在这一时期基本形成。首先是确立了武

术的总范围。明代以前，武艺内容繁杂，包罗万象。明清之际则对武术理论进行了整理、归类，明确了武术的总范围，即统称为“十八般武艺”，列出了具体内容，并确立了武术的基本技术由三个部分构成：武术功法，套路技术，技击对抗。其次是武术理论的研究有了迅速发展。这一时期有关武术的著作大量出现，反映了武术的巨大发展，标志着武术的日益成熟，也是武术体系形成的主要标志。在大量的武术著述中，即有武术理论研究，又有具体的武术动作；大量歌诀、动作图示、动作路线图出现于书中，为武术的传授、交流创造了条件，是研究古代武术的重要文献。

同时武术流派在这一时期大量涌现，各具特色，著名的少林拳、太极拳、形意拳、南拳等均成型于这个时期。武术与传统文化中的兵学、哲学、宗教、养生学等相互借鉴融合，极大地丰富了武术的内容。军事武艺与民间武术呈现出不同的发展特点。

图7-1 《明宪宗元宵行乐图》卷局部

明代武术盛况从《明宪宗元宵行乐图》中可见一斑（图7-1）。此图描绘了明代元宵节（农历正月十五）宫中行乐的盛况。其中一个局部画面中，武士们分别执剑、枪和刀等器械在做各种武艺对练和单练的表演。此当为元宵节娱乐的内容之一（绢本，设色，中国历史博物馆藏品）。

二、明清的武科

1367年，朱元璋就有“设文武二科取士”的命令。洪武二十年（1387），立武学，用武举。试策略与弓马。万历末年，科臣请特设将材武科，第一场试马、步箭及枪、刀、剑、戟、拳搏、击刺等法；第二场试营阵、地雷、火药、战车等项，第三场试有关兵法、天文、地理等方面的知识。这一建议，得到了皇帝的批准，但是并未实行。

到了清代之时，武科分级为童试、乡试、会试和殿试四级，四级都有外场、内场之分。童试的外场分为三场：

① 头场，马射，驰马发三矢，全部没有中靶的不续试；

② 二场，步射，连发五矢，仅中一矢的不续试；

③ 马射、步射合格，再试开弓、舞刀、掇石。

童试内场的考试先为策论，后改为默写《武经》。

乡试、会试也都分内、外场。外场分为：

① 头场试马射，射毡球，纵马三次，发九矢，中二矢者为合式。

② 二场试步箭，射布候，发九矢，中三矢者为合式。

③ 再开弓，舞刀、掇石以试技勇。

内场：内场考试分为三个部分，试策二问，论一篇，内场的论题用的是《武经七书》的内容。

武殿试是清代武科的最高一级考试，内容包括试策和马、步射、弓、刀、石的考试。当时“武科之设，以外场为主，其弓力强弱，尤足定其优劣。”（《钦定大清令典事例》卷七百十七）。

武童试每三年举行一次，被录取者为武生。武举乡试三年一次，中试者为武举。次年九月，各省武举会集北京进行会试，中试者为武进士。

三、尊拳为武艺之源

1. 明代出现了众多的拳术门类

明代抗倭将军戚继光所撰《纪效新书》第14卷《拳经捷要篇》，此篇专论拳术的技法与学理，是一篇系统整理、总结、提炼明代民间多种优秀拳技的上乘之作。戚氏在《拳经捷要篇》中称：“古今拳家，宋太祖有三十二式长拳，又有六步拳，猴拳，囮拳，名势各有所称，而实大同小异。至今之温家七十二行拳，三十六合锁，二十四弃探马，八闪番，十二短，此亦善之善者也。吕红八下虽刚、未及绵张短打。山东李半天之腿，鹰爪王之拿，千跌张之跌，张伯敬之打，少林寺之棍，与青田棍法相兼，杨氏枪法与巴子拳棍，皆今之有名者。”这是作者对民间拳法作过深入考察后的著录。

此段文字还表明，作为我国传统徒手武技的四大类技击方法——踢法、打法、拿法、跌法，早在明代就已形成独立的体系，并以其各自独有的特点而成为享誉武坛之一绝，也标志着有着不同风格、特征与内容的武术流派开始在明代形成。

戚继光《纪效新书》卷14《拳经捷要篇》所列举的十六家拳种，以北方拳种为主。而明人郑若曾在《江南经略》卷8《兵器总论》中列有另十一家，以南方拳种为主：赵家拳、南拳、北拳、西家拳、温家钩挂拳、孙家披挂拳、张飞神拳、霸王拳、猴拳、童子拜观音神拳、九滚十八跌打挝拿以及绵张短打法、九内红八下等破法、三十六拿法、三十六解法、七十二跌法、七十二解法。其所列之中有流传至今的“南拳”，可知长期生活于江南的郑若曾对南方流行的拳种比较了解。

2. 明代有“拳谱”和“拳势歌”的出现

唐顺之《武编》记载“温家拳谱”有两部分，一是记录温家拳势名称，二是叙述招法使用的原则及其具体用法。这个拳谱是我国迄今为止所见到的最早的一个拳谱。

武术中的“拳势”，不仅是指动作姿态，而且主要是指其能够变化的势态。唐顺之说：“拳有势者，所以为变化也。”

“拳势歌”是反映拳势方法变化的文句，其多带韵律，可说唱，便于记忆，故以歌称。如明赵光裕《新镌武经标题正议注释》附《阵法马步射法》一卷中记有“邵陵（即少林）拳势歌”两首，其中有“七星拳进步难挡，埋伏势地能使下，下着势看者不忙，踏实势横拳便打，不开门攻进何妨。当头炮连忙放下，永凭拳走尽江南。朝阳势金鸡独立，右神拳惯打南方。”歌中所提及的七星拳势、埋伏势、踏虎势、当头炮势、朝阳势、神拳势等皆为当时流行的拳势。

3. 图文并茂，取众家之长

戚继光搜集民间多家拳技，择优编成三十二式拳法，逐一绘成图势，并配以注诀，提示各势之技理，以利士卒训练掌握（图7-2）。“故择其拳之善者三十二势，势势相承，遇

懶扎衣出門架子，
變下勢霎步單鞭。
對敵若無膽向先，
空自眼明手便。

金雞獨立顛起，
裝腿横拳相兼，
搶背卧牛雙倒，
遭着叫苦連天。

探馬傳自太祖，
諸勢可降可變。
進攻退閃弱生强，
接短拳之至善。

拗單鞭黄花緊進，
披挑腿左右難防，
搶步上前連劈揭，
沉香勢推倒泰山。

七星拳手足相顧，
挨步逼上下隄籠。
饒君手快脚如風，
我自有攪衝劈重。

倒騎龍詐輸佯走，
誘追入遂我回衝。
恁伊力猛硬來攻，
怎當我連珠砲動。

懸脚虚餌彼輕進，
二换腿决不饒輕。
趕上一掌滿天星，
誰敢再來比並。

邱劍勢左搬右掌，
劈來脚入步連心；
挪更拳法探馬均，
打人一着命盡。

图7-2　三十二势拳法（节选）

敌制胜，变化无穷，微妙莫测，窈焉冥焉，人不得而窥者，谓之神。俗云：‘拳打不知’，是迅雷不及掩耳，所谓‘不招不架，只是一下；犯了招架，就有十下’。博记广学，多算而胜。”如此图文并茂的编撰方式，开创了武术论著新体例的先河，为留存生动可贵的武术技法史料和推动武术的传衍发展作出了卓越的贡献。

4. 尊拳为武艺之源

戚继光在《拳经捷要篇》中说:“拳法似无预于大战之技，然活动手足，惯勤肢体，此为初学入艺之门也。”“其拳也，为武艺之源。”茅元仪、何良臣也有文支持这一观点。明代多称手搏为“白打”，亦称“角拳”或“搏击”。白打是拳艺水平体现的一种主要形式。要白打，首先要掌握好拳势。唐顺之曰：“拳有定势，而用时则无定势。然当其用时，变无定势，而实不失势，故谓之把势。作势之时，有虚有实，所谓惊法者虚，所谓取法者实也。似惊而实取，似取而实惊，虚实之用妙存乎人。”他还提出了精、多、熟、快、狠的“白打”训练原则。

5. 武术中的“花拳”与“实战”并行

“花拳”着重于走跳虚套，多失实战技击内容，民间用于表演健身。但民间武术中也不乏有人注重“实战”技击之术。而军事武艺则更是十分强调武艺的实战性，戚继光在《纪效新书》曰：“既得艺，必试敌”。

四、百兵之首的刀

1. 有丰富的诸家刀法

郑若曾《江南经略》记载:“使刀之家十五;曰偃月刀;曰双刀;曰钩刀;曰手刀;曰锯刀;曰掉刀;曰太平刀;月定戎刀;曰朝天刀;曰开天刀;曰开阵刀;曰划阵刀;曰偏刀;曰车刀;曰匕首”。此言十五家远不能包括当时丰富的刀法。

何良臣《阵纪》亦列有十余家:“如凤嘴刀、三尖两刃刀、斩马刀、镰刀、苗刀、麋刀、狼刀、掉刀、屈刀、戟刀、眉锋刀、雁翎刀、将军刀、长刀、提刀之类。”由于诸刀形制不同,柄各有长短,所以使用刀法也各有专门。它反映了当时民间刀法至明代已蔚为大观。

2. 受到倭刀的影响

《古代中国对日本称名演变的历史考察》(华东师范大学学报2000年第一期)一文中说:“中国古籍中对日本是先称‘倭’而后改为‘日本’。古汉语中的‘倭’实际是个中性而略具褒美意味的词,以‘倭’为‘不雅’之名在古汉语中并无根据。在中国古代典籍中,‘倭’称真正成为‘不雅’乃至贬意鲜明的特称词语是明代以后特有之现象,其背景原因则是明代时期日本方面对中国沿海地区的侵掠暴行。中国古籍对日称名由‘倭’改称‘日本’,反映了中国古代对日本民族的尊重和宽容,而‘倭’称在古书中从一个不无褒美意味的词语转变为一个贬义鲜明的特称，则是中国古代语言文化之道义立场在对日关系方面的表现。”

倭刀分长刀和腰刀，多双手握柄。吴殳《手臂录》卷3亦记载有单刀法十八势，皆倭刀法（图7–3、图7–4）。

图 7–3　右撩刀势(摘自《手臂录》)　　图 7–4　左撩刀势(摘自《手臂录》)

安徽程宗猷所著《单刀法选》，书中既有刀势，也有演练的路线示意图，这是迄今所见我国最早的刀术路线示意图（图7–5）。

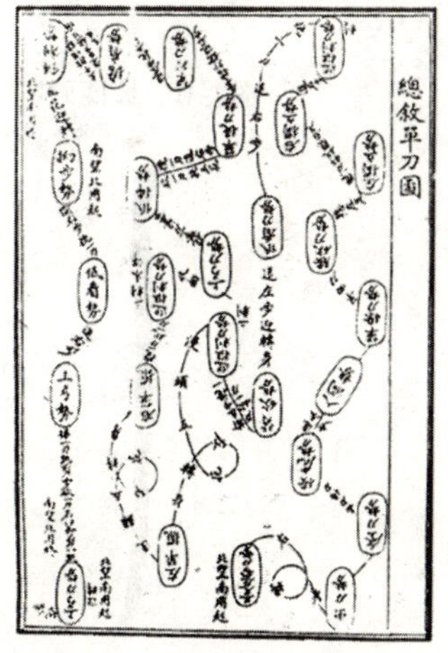

图7–5　程宗猷《单刀法选》

3．注重刀法的研究

明末王余佑所著《十三刀法》（民国再版称《太极连环刀法》）是这一时期的刀术代表作。王余佑把刀法归纳为十三法，即劈、打、磕、扎、砍、扇、撩、提、托、老、嫩、迟、急。又六法：缠、滑、拨、擦、抽、截。

明刀,有短刀和长柄刀之分。长柄刀（图7–6）有钩镰刀和夹刀棍。短柄刀（图7–7）有短刀（骑兵所用）、腰刀（长约1 米与藤牌并用）和长刀（长约2米，双手握柄，杀伤力极大，利于步战）。短柄刀因受日本式长刀的影响，已与宋代不同，刃狭长面弯，极锋利。抗倭英雄戚继光的钢刀也保留至今（图7–8，图7–9），此刀制造于1582年，刀上铸有“万历十年登州戚氏”的字样。

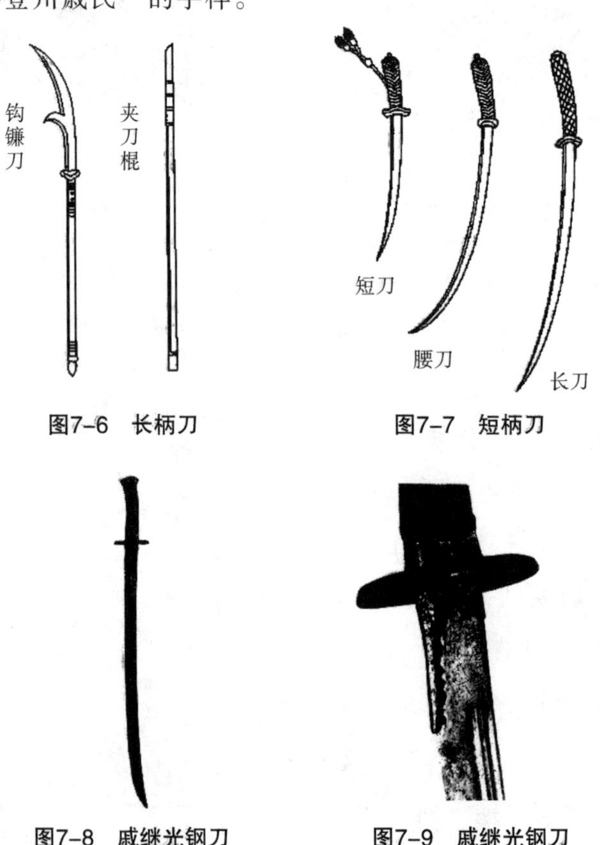

图7–6　长柄刀

图7–7　短柄刀

图7–8　戚继光钢刀

图7–9　戚继光钢刀

五、艺中之王的枪

明代诸家枪法都有各自比较完整的体系。如杨家枪法，包括八母（基本枪法）、六合之法（组合）和二十四枪势（主要招法），枪法以实战为主。明代还从理论上对枪法进行系统的研究和总结，具有代表性的著作有唐顺之的《武编》前集卷5《枪》、戚继光的《纪效新书》卷10《长兵短用说篇》、程宗猷的《耕余剩技·长枪法选》、吴殳的《手臂录》等。另外明代之时，少林寺有一个战功赫赫的“三奇和尚”周友。周友之侄洪转也是一个著名武僧，他在万历初年80多岁时，著有《梦禄堂枪法》一卷，从理论上总结了周友的枪法。

此外，明代王圻的《续文献通考》卷166《总论军器》中称：“使枪之家十七：曰杨家三十六路花枪（注：其分出者曰大闪干；曰小闪干；曰大六合；曰小六合；曰穿心六合；曰推红六合；曰埋伏六合；曰边拦六合；曰大封臂；曰小封臂）、曰马家枪（注：上十八盘；中十八盘；下十八盘）、曰金家枪、曰张飞神枪、曰五显神枪（注：花枪七十二势）、曰拐突枪……”上述枪法不仅在技术体系上有区别，而且枪的形制及技术风格也有不同。即使具有同名称的枪势，其内容也各有区别。

枪在明代仍是主要的长柄格斗兵器，枪制较宋代简化，以竹或木为杆，长一丈二尺（约合3.73米）以上。还有一些特形枪，有其特定用途，如铁钩枪可刺可勾，龙刀枪有旁刃，可刺可砍可叉（图7–10）。

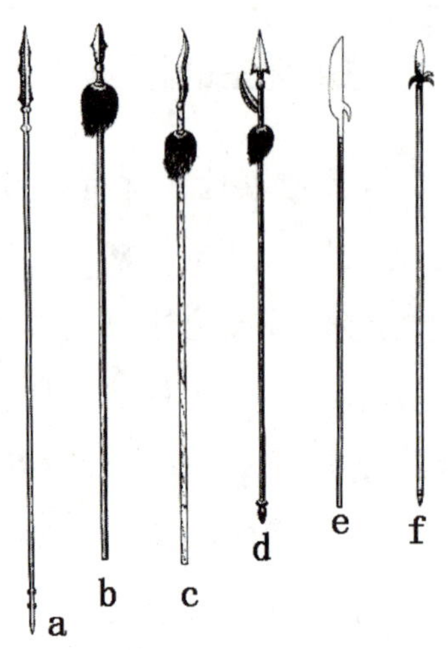

图7–10　明代枪制

a.长枪、b.枪、c.蛇矛、d.龙刀枪、e.铁钩枪、f.钩枪）

六、百兵之本的棍

明代民间棍法门派丛生，王圻《续文献通考》卷166《总论军器》称“使棍之家，三十有一”。当时各家棍法都有自己的体系和独特风格。程宗猷在《少林棍法阐宗》中称棍“为艺中魁首”，此书包括名棍源流、小夜叉、大夜叉、阴手、破棍第一路谱、破棍第二路谱、破棍第三路谱、破棍第四路谱、破棍第五路谱、破棍第六路谱、破棍又二路谱、破棍又四路谱、破棍又六路谱、问答篇等。《少林棍法阐宗》是明清时期记载少林棍法的一本重要著作。

抗倭英雄俞大猷不仅以“剑经”为名写下了一本棍法专著，而且十分推崇棍法，以棍法为各利器之根本。他说：“用棍如读四书，钩、刀、枪、钯，如各习一经。四书既明，六经之理亦明矣。若能棍，则各利器之法，从此得矣。”对俞大猷的《剑经》，戚继光称“短兵长用之法，千古奇秘”；何良臣说：“棍法之妙，亦尽于大猷”。

七、对古代剑诀、剑法的搜寻

1. 练剑与读书并举

东汉以后，剑已不用于战阵，多为民间习武健身和表演娱乐之器。文人学士好书剑是一种风尚。明清读书人常常把读书与练剑并举。

2. 搜寻古剑诀、剑法

明代针对剑术传其妙者绝寡的现象，一些武术家开始注重搜集古剑诀和剑法。唐顺之《武编》卷5《剑》载有列缺的古剑诀十五句：“电掣昆吾晃太阳，一升一降把身藏，摇头进步风雷响，滚于连环上下防。左进青龙双探爪，右行单凤独朝阳，撒花盖顶遮前后，马步之中用此方。蝴蝶双飞射太阳，梨花舞袖把身藏，凤凰浪翅乾坤少，掠肩连膝劈两旁。进步满空非白雪，回身野马去思乡，镆铘曾入千军队（其下当有缺佚）。”唐顺之在有的剑诀句尾，还附有剑诀解释，为人们领悟古代剑法提供了方便。

茅元仪《武备志》卷86亦载有此剑诀，并说搜寻的剑法“得之朝鲜”，是明以前传到朝鲜去的剑术。《武备志》一书中的剑法图谱是迄今为止见到的最完整的一套剑谱，可以从中明显地看出，其执持之法是以双手为主，所执为长剑，以此可以证明我国双手剑由来已久。另有吴殳在他的著作《手臂录》中写有“剑诀”、“后剑诀”两篇，讲述了单手剑术的妙用。

八、“十八般武艺”与杂形兵器

十八般武艺的具体化，本身就说明了民间杂兵武术的发展。明代后，十八般武艺的内容又在不断变化。如朱国祯《涌幢小品》卷12记载：“武艺十八事，一弓、二弩、三枪、四刀、五剑、六矛、七盾、八斧、九钺、十戟、十一鞭、十二锏、十三挝、十四殳、十五叉、十六爬头、十七绵绳套索、十八白打。”十八般武艺内容的变化，在一定程度上反映了民间武术内容的变迁，但实际上当时民间武术的内容决非十八般武艺所能囊括。

明以前，在与少数民族政权的战争中，中原武术因受少数民族影响，长短之兵杂形甚多。后来很多都被民间所沿用。除一部分沿用旧制外，明人还自行改制和创制了一部分，故武术杂兵较前期更为兴盛（图7–11）。

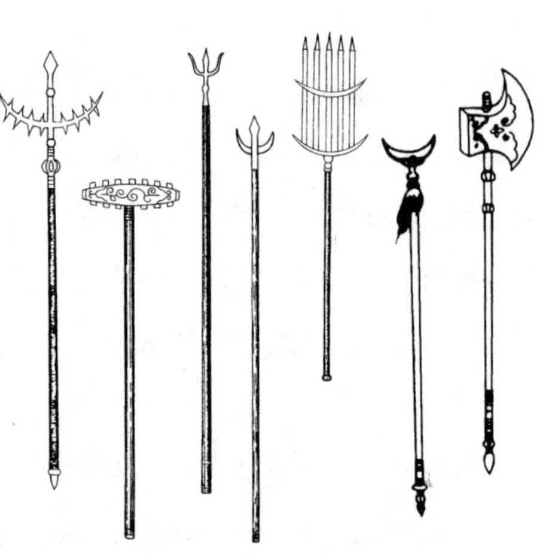

图7–11　明代杂兵器之一部
（《武备志》卷104）

王圻《续文献通考》卷166《总论兵器》将明代杂兵列为三类：

第一类为杂器，有铁鞭、夹棒、单手爊铁链子、蒺藜蒜头、金钢圈，镘掌铁尺、吕公拐子、钢叉、狼筅和锐，共十家。

第二类为钯，有雄牛出阵钯、山门七埋伏钯、番王倒角钯、直行虎钯和稍拦跟进钯，共五家。

第三类是马上器械，有鞭、镋、铲、槌、流星、镇虎口、马叉上带使流星鞭、双舞剑双马、马叉、天平铲、天方戟、枪、关刀、斩马刀和月枪，共十六家。

茅元仪《武备志》卷104《军资乘战器械篇》还列有明以前鲜见的双飞挝、飞钩和飞锤三种索系兵器(图7–10)。军中及民间都有使用杂兵者，而民间尤多。此时杂兵武术的发展对后世民间武术进一步向庞杂方向发展有极大的影响。

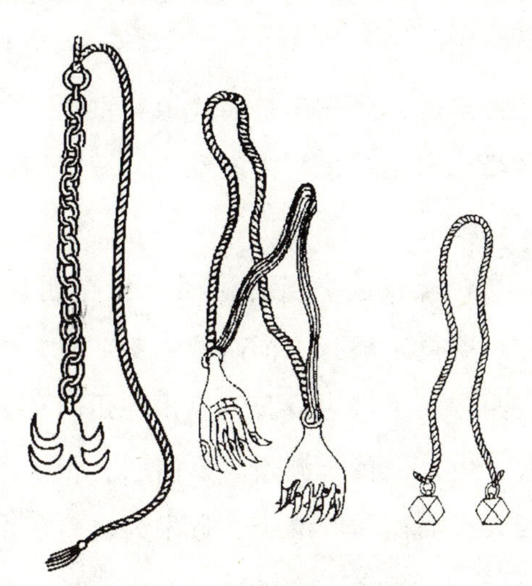
1.飞挝　2.飞钩　3.飞锤

图7–12　明代索系兵器

(《武备志》卷104)

九、张三丰与武当武术

明代大学者黄宗羲为好友王征南所作的《王征南墓志铭》最早提出了张三丰创内家拳的说法，其文云：内家拳“盖起于宋之张三丰。三丰为武当丹士，徽宗诏之，道梗不得进，夜梦元帝授之拳法，厥明以单丁杀贼百余”。后来《宁波府志》又重叙张三丰创内家拳说：“张松溪，鄞人，善搏，师孙十三老。其法言起于宋之张三丰”，“遂以绝技名于世”。《宁波府志》所据，可能仍是《王征南墓志铭》。《明史·方伎传》也提到过张三丰，但说他是明时辽东人，没有提到他会武术。《陕西通志》说他是宝鸡人；而《四川总志》则说他是“天目人”。不论张三丰是哪里人，但有一点是肯定的，张三丰是明代道教重要人物，与武当山有着不解之缘，但张三丰与内家拳之渊源问题，尚待进一步的研究考证。

内家拳创拳虽有谜团，但在明代的承传体系却是明晰的。据黄宗羲《王征南墓志铭》载，内家拳在明代“流传于陕西，而王宗为最著。温州陈州同从王宗受之，以此教其乡人，由是流传于温州。嘉靖间，张松溪为最著，松溪之徒三四人，而四明叶继美、近泉为之魁。由是流传于四明。四明得近泉之传者，为吴昆山、周云泉、单思南、陈贞石、孙继槎，皆各有授受：昆山传李天目、徐岱岳，天目传余时仲、吴七郎、陈茂宏；云泉传卢绍岐；贞石传董扶舆、夏枝溪；

继槎传柴元明、姚石门、僧耳、僧尾；而思南之传，则为王征南。思南从征关白。归老于家，以其术教授”。据黄宗羲之子黄百家云：“王征南先生从学于单思南，而独得其全。”

现代武当武术的研究者认为张三丰是道教名人，曾经二次上武当，在武当修炼了近30年，他丹拳兼修，逐渐将民间武技加以揉合和发展，成为一种拳种、哲理相统一的新形式。而武当武术缺乏史料记载的原因有两个，其一，与道家的避世和养生宗旨有关。道教武术是适应道教养生健身需要而产生的，道家主张清静、无为、不争、退让、养生，所以有绝技者，一般不耀世人，时至今日的武当派，亦坚持要求不谈、不记、不传的门规。其二，道家讲性命双修的丹术，而拳术只是养生全形的手段之一，与内炼金丹相比，是“不急之末学”，故道家书籍中难以觅见谈拳论武技之语。

十、明代主要著作及其作者

1. 唐顺之与《武编》

唐顺之，字应德，号荆川，生于正德二年(1507)，武进(今江苏常州)人，嘉靖八年举会试第一，官至右佥都御史，代凤阳巡抚，是明代著名的抗倭名将之一，也是博学多才的学者。嘉靖三十九年(1560)，唐顺之因负疾督战，贻误医治，病逝军旅，终年53岁。

唐顺之文武全才，著述宏富。据《明史》本记载：“顺之于学无所不窥，自天文、乐律、地理、兵法、弧矢、勾股、壬奇、禽乙，莫不究极原委。尽取古今载籍，剖裂补缀，区分部居，为《左》、《右》、《文》、《武》、《儒》、《稗》六编传于世，学者不能测其奥也。”唐顺之不仅编撰了《武编》一书，另外还著有《荆川文集》一部，此书是他的随笔和文集，但也涉及不少武术内容，有《游嵩山少林寺》、《杨教师枪歌》、《峨眉道人拳歌》、《日本刀歌》等。

《武编》是一部军事学类书，系作者分类纂辑古代兵学之作。全书分为前后两集，各六卷，前集主要辑录兵法理论资料，后集主要辑述用兵实践方略。在前集卷五，辑有古代武术专项文论多篇，包括：牌、射、弓、弩、甲、拳、枪、剑、刀、简、锤、扒、挡等。其中由拳至挡八篇，实为一部明代武术拳械谱录，专述拳械技理及操练方法。其中尤以“拳”的部分价值最高。作者辑此本意显然是作为供士卒进行战术训练之用的教材，然而从武术文献学的角度而论，此乃是最先收录入兵典中的古代武术文献。唐顺之年辈高于戚继光，戚继光曾向唐氏请教枪法，《武编》成书又在戚氏《纪效新书》之前，因此《纪效新书》的武艺部分有取材于《武编》的地方。

2. 戚继光与《纪效新书》

戚继光（1528~1587），字元敬，号南塘，出身将门，山东蓬莱人，祖籍安徽定远。《明史》称“继光幼倜傥，负奇气，家贫，好读书，通经史大义”（见《明史·戚继光传》）。

自十七岁承荫世袭，担任登州卫指挥佥事官职，从此开始了他的戎马生涯，南平倭寇，北御鞑靼，身经百战，屡建奇勋，官至中军都督府左都督，进太子太保。至五十八岁时，因朝政腐败以及政治上的失意，便告老解甲还乡，六十岁病故。

戚继光在长期的戎马生活，使他在包括武术训练在内的军事学方面有了较深入的了解和研究，他将武艺与军规法令看作是整训新军同等重要的两个方面，也正是基于此，为我们保留下了精论武术技法与学理的宝贵武术文献。《纪效新书》是戚继光撰写的一部著名兵书，但因书中载有武术拳械专著五篇，并在其他兵学篇章中常涉及武艺论述，因而又是一部内容完善、成书最早的明代武术典籍，历来倍受武术家们的宗奉与推崇。全书文图并茂，是一部很重要的武术文献。1987 年人民体育出版社出版了马明达的点校本，是比较完备的一个版本。

《纪效新书》共18卷，首卷《或问》，正文：束伍、操令、阵令、谕令、法禁、比较、行营、操练、出征、长兵、牌筅、短兵、射法、拳经、诸器、旌旗、守哨、水兵。卷十至卷十四各篇，专门论述用于实战的武艺技能练习法及其学理，具体篇目为：卷十《长兵短用说篇》（论枪法）；卷十一《藤牌、狼筅总说篇》；卷十二《短兵长用说篇》（转用俞大猷著《剑经》所论棍法，再配图势）；卷十三《射法篇》（转用俞大猷论弓箭射术，再配图势）；卷十四《拳经捷要篇》（专论拳法）。以上专论武艺技理的五个卷目，是供士卒训练用的战斗格杀技能的精选教材，经戚继光系统整理编撰，首次以图文并茂的形式，归纳于著名兵典之中。

《纪效新书》中包含了大量有价值的武术资料，无论是日本传进的双手刀法，还是俞大猷的棍法、唐顺之的枪法及以各地乡民所习的拳法器械，戚继光都能够虚心学习，从而博采众家之长，择其善者而从之。尤其他对武术所进行的系统论述，为前人所不及。他通过系统地整理明代不同拳家的武术动作，创编了“三十二势长拳”，并绘以动作的关键图势，注明要领口诀。

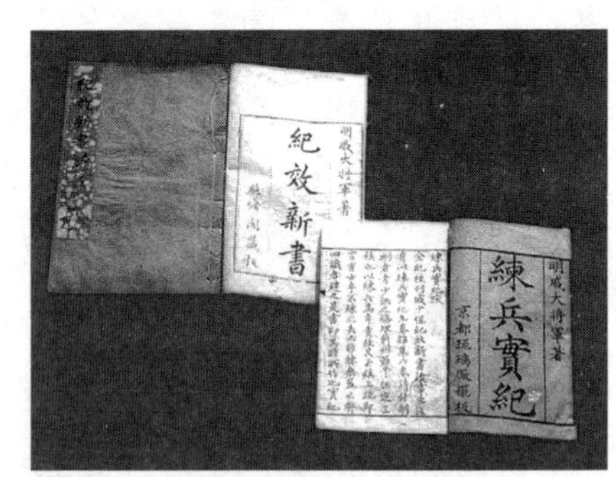

图7–13　戚继光的著作

戚继光在《纪效新书》的基础上，还根据南北实战的差异地，撰写了《练兵实纪》一书。此书是一部极备详尽的练兵教程，其中许多内容涉及到士卒的基本武艺训练，对于后世了解古代军旅武艺的实质和特点也是很有价值的。

3. 俞大猷与《剑经》

俞大猷（1504~1580），明代抗倭名将，名志辅，福建晋江人。先后从师于棍法大师李良钦（即撰写了《赵注孙子兵法》的作者赵本学）、刘邦协、林瑛等人，他本人的武艺更是集诸大家之精华。嘉靖二十八年，倭寇入侵后，他转战江、浙、闽、粤，多立战功，与戚继光齐名。

俞大猷撰写的《剑经》(见附录)一书是精论棍法的杰作，收录在他的著作《正气堂集》卷四中。《正气堂集》是研究俞大猷本人及明代武术状况的重要史料。

作为一代武学名家、抗倭名将的俞大猷还与少林寺有一段特别的缘分。少林武术中的棍法，即得俞大猷之真传。

嘉靖四十年(1561)，俞大猷由北上中奉命南征时，曾专程访问少林寺。在观看了武僧的表演后，他直言不讳地对方丈小山宗书说："此寺以剑技名天下，乃传久而讹，真诀皆失矣!"于是，小山方丈挑选了两位年少而有勇力的僧人宗擎、普从，随俞大猷南行，以便学习。三年后，二人辞行，北归少林寺。他们将所学剑技传给寺众。十三年后，宗擎还专程去神机营拜访俞大猷，感谢师恩，并受俞大猷所赠《剑经》。

俞氏《剑经》专讲棍法，为一代名著。戚继光评价其所讲"短兵长用之法"为"千古奇秘"。又说："不惟棍法，虽长枪各色之器械，俱当依此法也。近以此法教长枪，收明效。极妙!极妙!"

少林武僧到明末之时已获得很高声誉。茅元仪在《武备志》中称颂说："诸艺宗于棍，棍宗于少林。"《剑经》总诀的"一打一揭，遍身着力；步步进前，天下无敌"就是少林棍法中"五虎拦"的来源。

4. 程宗猷与《耕余剩技》

程宗猷（1561~?）号冲斗，安徽休宁人。少年有志从戎，为国效力。为得真艺凡听到有名师，即不远千里往而求之。经数十年探研，终集各家传授于一身，提炼出刀、枪、棍、弩等诸兵使用之精义。

程宗猷所著《耕余剩技》。全书由四个部分构成，即《少林棍法阐宗》三卷、《蹶张心法》一卷、《长枪法选》一卷、《单刀法选》一卷。其书刊于明天启元年（1621）。此书是明代继《武编》、《纪效新书》等书之后的一部重要武术专著，对研究古代武术技术的发展以及少林寺等武术史专题，有着重要的史料价值（图7–14）。

程宗猷曾在少林寺学习"夜叉棍"十余年。程宗猷入少林寺习武，先从师于洪纪，"梗概初闻，未惮厥技"。又师事八十多岁的洪转。这洪转"棍法神异，寺众推尊"，程宗猷乃"日得闻所未闻"。与程宗猷同时向洪转求教的还有宗想、宗岱二位同好。

程宗猷最后投师于广按。广按是"法门中高足，

图7–14 《单刀法选》节选

尽得转师(洪转)之技而神之。耳提面命，开示神奇。后以出寺同游，积有年岁，变换之神机，操纵之妙运，由生诣熟，缘渐得顿。”和程宗猷一同入少林寺习武的还有他的叔祖、武学生程云水，侄程君信，太学生程涵初等人。在他们的鼓励下，程宗猷乃把“口授心识”的棍法整理，用图势歌诀的形式撰写了《少林棍法阐宗》三卷，万历四十四年(1616)行世。

天启元年（1621）他又写成《蹶张心法》、《长枪法选》、《单刀法选》与《少林棍法阐宗》合刊发行名《耕余剩技》。其善技击精武备的名声亦随之传播开来，并引起当时明政府的重视。崇祯二年（1629）又撰《射史》八卷。程宗猷练兵主张胆量、意志和武艺三者并重。所著《耕余剩技》不拘泥于古法，以求符合时代需要。

十一、清朝民间宗教、秘密结社与武术

清朝（1644~1911），中国历史上最后的一个封建王朝。清代的民间拳法及器械技术的种类大大超过明代，民间武术名师辈出，支派递分，民间习武之风盛行，各种民间宗教和秘密结社组织纷纷走向历史的大舞台，如义和团、太平天国、捻军、小刀会、天地会以及白莲教等。这些民间宗教和秘密结社组织都或多或少地借助和利用着武术为其服务。

白莲教，作为一种宗教概念，其包括的内容很广，可以说，它是一千多年来发生在中国这块古老土地上的各种“异

端”、“左道”、“邪教“的总括，是除了佛教、道教以外的又一个很重要的宗教。它反映的是中国下层社会人民的生活、思想、信仰和斗争。元代政治黑暗，社会混乱，民不堪命。在这样的社会条件下，秘密宗教得到了很大发展。秘密宗教在原始宗教、天师教、太平道（张角领导的黄巾起义，东汉后期出现，可以说是民间宗教的鼻祖）、佛教、摩尼教、弥勒教以及净土思想的基础上，经过长期的合流，到了元代终于汇合为一个统一的宗教——白莲教。

明清之际白莲教教派众多，主要有：罗教、黄天教、三阳教、收元教、天理教、大乘教、清茶门教。

元、明、清时期连绵不断的白莲教起义，使许多农民起义与白莲教联系在一起。如道光年间的太平天国运动和光绪年间的义和团运动，其最初也均是由白莲教系统的秘密宗教组织发动起来的。

在白莲教中巫术、气功、武术可以说是三位一体。一般来说，念咒饮符、运气练武是民间宗教中主要的传统活动内容。许多教主本身是武术教师，他们通过开场授徒、访友比武等方式传习武术、发展教徒，如神拳会、顺刀会、义和拳、八卦拳等。在乾嘉年间，因取缔秘密宗教，先后查出的武术拳种就有七星红拳、义和拳、义合拳、梅花拳、八番拳、八卦拳等。这些习武活动是研究我国武术史的宝贵资料。

白莲教各教派所以重视练习气功武术，很重要的一个原因，就是想借此以吸引招徕徒众，因为习武本身就是一种聚众方式。再加上一些宗教活动的迷信色彩，就更具吸引力。民间宗教与武术的结合是在共同信仰的基础上，培养锻炼出一批武装斗争的骨干力量。

十二、武术与导引的结合

明代各家拳法偏于一隅，讲究实战，技击仍然是它的主要社会价值。但到了清代，随着火器的发展，加之传统文化的影响，在古代武术中一直处于次要地位的健身价值日益受到人们的重视，习武者不仅在技术上走踢、打、跌、拿兼习的道路，而且注重练“气”，使武功和导引功法走上相结合的道路。这一变化标志着民间武术已与军事武艺完全分离，成为兼有多种锻炼方式，具有强身健体、自卫御敌、表演娱乐多种功能和作用的运动项目了。

清代武功和导引功的结合表现为两种形式：其一，练武术的同时也练气，即练拳之中，以意运气，以气运身，呼吸与动作紧密配合而行，“以气摧力”。产生于清初的太极拳和形意拳、八卦掌都是属于这一类。这些“动静兼修、内外兼练”的拳术是当时武术与气功结合的一种类型，其独到的锻炼价值，后来日益受到人们的重视，逐渐在武术派系中占有重要的地位。其二，练功与练气分而行之。这种分而习之中的“练气”，多采用静功的形式“默坐运气”。这种方法的好处是可以有效地调节大脑皮层高级神经中枢，加强人体兴奋与抑制的转换能力。同时通过专门“练气”，可使生命能量在体内积蓄运行，在一定条件下产生出超出常人的力量，大大增加拳法功力。

中国医史博物馆的藏品《调气练外丹图式》（图7–15）系清朝人绘制的养生练功图谱。全谱共三套二十二式，其中，第一套第十二式又分为尾一式和尾二式。每一式皆配以简要的动作要领，图文并茂，是古代保健养生练功方法中不可多得的形象资料。

图7–15　清代《调气练外丹图式》（局部）

同时从理论上论述“练气”的著述也在清代出现，如王宗岳的《太极拳论》、姬隆凤的《六合拳谱》、苌乃周的《苌氏武技书》等。王宗岳在《太极拳论》中写道“虚领顶劲，气沉丹田。不偏不倚，忽隐忽现。”把武术的练功与练气有机地结合在一起，增强了其养生健身价值。《六合拳谱》中指出：“六合者，心与意合，气与力合，筋与骨合，手与足合，肘与膝合，肩与胯合，是谓六合。”提出要以心行事，以意领气，以气摧力，注重内外兼修，形神合一；把心、意、气、力四者之间的关系用一个“合”字作了精辟的概括。清乾隆年间河南汜水人苌乃周在《苌氏武技书》书中，以自己深厚的武术功底和文化素养，运用易学、中医学、道教内丹修炼学的理论，写下了《中气论》、《过气论》、《行气论》、《点气论》、《养气论》等论气专篇，具体论述了拳技与“中气”内外兼修、形气合炼之学理与方法，并结合武术技艺特点对锻炼之要诀、方法，进行了全面、深入的论述，内容丰富，论理独特，具有很高的成就。

十三、武术流派的形成与流派的分类

武术讲究流派之说，而武术流派是随着技击技术的完善和规范化而逐渐形成的。当技击技术逐渐产生了比较稳定的技术结构体系和独特的风格特点时，流派也就随之产生了。远在汉魏年间，剑术就形成了流派的初步形态，曹丕《曹论》中就提到剑术有“四方之法”。由于古时习武大多是言传身教，父子相承，轻易不传外姓，所以早期形成的武术流派大多以习武家族的姓氏命名。流派形成和完善的重要时期是明、清。明代戚继光在《纪效新书》中已提到了俞公棍、杨家枪、沙家枪、六步拳、宋太祖三十二式长拳、猴拳、地躺拳、巴子拳、等十六家拳种，而著名的太极拳、形意拳等均成型于清代。

流派的形成和发展对武术的作用是积极的。风格各异的套路练习更助于提高习武者的兴趣，也有利于武术的传播和发展。这些也正是明清武术空前大发展的一个内在原因。

武术的派别之分，虽有不少优点，但不久就蒙上了一层封建社会的宗派、行邦、门户、教门等色彩，产生了互相攻击、排斥、敌对的现象，这些现象无疑十分有害于武术的发展，要加以摈弃。

古代武术流派常见的有以下三种分类方式：

一是以各个拳种来划分，即每个拳种就是一个流派。如少林拳、太极拳、形意拳、南拳等；

二是以山川地域划分，有武当派、少林派、峨嵋派或者是长江流域的武术、黄河流域的武术、珠江流域的武术等；

三是以技术特点划分，诸如内家、外家之说或者是长拳与短打等等。无论怎样进行分类，实际上反映的是人们对武术的不同认识以及看待武术的不同角度和出发点。

十四、文武并重与颜习斋

清代初年，产生在河北省的以颜习斋、李恕谷为代表的颜李学派，是一个主张文武并重并积极从事武术活动的学派。颜李学派在清代学术史和思想史上都占有重要位置，在中国武术史上尤其值得表彰，值得研究。

现代历史学教授马明达先生在“颜李学派与武术”一文中写道：颜、李思想的核心之一，就是主动不主静，主实践不主虚文，主实文实行、实习实用。颜习斋曾经说：“一身动则一身强，一家动则一家强，一国动则一国强，天下动则天下强。”具体到人的养生之道与精神修养，他主张：“养生莫善于习动，夙兴夜寐，振作精神，寻事去作。行之有常，并不困疲，日益精壮。”他强调“常动则筋骨竦，气脉舒”。他认为，真正的儒者要以孔子为楷模，既能文又能武，博学通达而体魄强健。那些视武技为“末技”的程朱之徒，平时侈谈心性，自鸣儒雅，到国家危难之际，一个个束手无策，毫无用处。颜习斋亲身经历了明朝灭亡时士大夫不是坐以待毙就是引刃自绝的悲惨情景，因此对程朱之流的弊端、尤其是理学家重文轻武的积习，深恶痛绝。他不禁大声疾呼：“文武缺一岂道乎！”

颜习斋不仅是倡导文武并重的理论家，而且是躬身履行的实践家，从小就养成“豪勇”气质，同武术结下了不解之缘。成年以后，他进一步系统学习各家技艺，坚持演练射箭、拳法及枪刀棍剑之法，以武术为健身修性之道，不断研习和传播武术。毛泽东早年在为《新青年》所写的《体育之研究》一文中，说颜习斋“学击剑之术于塞北，与勇士角而胜焉！”

颜习斋练武，不是单纯为了健身延年或防身制敌，他把武术纳入自己的学术体系，使之成为自己学说的重要构成部分。根据文武并重的思想主张，习斋阐释孔孟之道，评品古今人物，以至交游、讲学、授徒，处处都把“武”字摆在突出位置上，他以自己的言行和实践，针锋相对地批判了以武艺为“不才”的理学先生们的陈腐观点。

颜习斋一生偏居于家乡一隅，他的学术主张一直没有能够远播海内，也没有机会付诸实行，但在颜习斋的身教言传之下，颜门弟子大都以武术为必修之课。习斋的传派高足李恕谷，一生好武甚勤，造诣甚高，交游遍天下。

当明末清初，习武之风曾经在南北士人中悄然兴起，一时蔚为风气。不过，明清之际的士人习武多是个人行为，没有以武事为学术者，认为武学难登大雅之堂。颜习斋不仅将习武纳入自己的学术体系中，更重要的是还纳入到他的教育思想和实践中，这就在实事上使习武具有了体育意义。

十五、清代主要著作及其作者

1.《手臂录》与吴殳

吴殳（1611~1695）明末遗民。又名乔，字修龄，号沧尘子。吴殳是明清之际最有成就的武术家之一，著作有《峨眉枪法》、《枪法圆机说》、《单刀图说》、《梦录堂枪法》以及《手臂录》、《无隐录》。吴殳平生所学武艺，有枪法、剑法、单刀法等，但主要是枪法，因此他的著作皆以枪法为主要内容。可以说吴殳是明代至清初各家枪法之集大成者，他的书是对前代和当代枪法的总结性著作。

《手臂录》全书分四卷，加附卷上、下则共六卷。除卷三《单刀图说》、卷四《诸器总说》、《叉说》、《狼筅说》、

《藤牌说》、《大棒说》、《剑诀》、《双刀歌》、《后剑诀》等之外，其他内容为枪法，故此书基本上是一部枪法专著，是吴殳对明代以来各家枪法的一个系统总结，是一部集枪法之大成的著作。此书由《清史·艺文志》著录。

图7–16　青龙献爪图

2.《内家拳法》与黄百家

黄百家，原名百学，字主一，号不失，浙江余姚人，其父是清初著名学者黄宗羲。黄百家自幼师从王征南（1617~1669）学“内家拳法”，师殁后七年写成《内家拳法》。

《内家拳法》的内容有应敌打法若干，穴法若干，所禁犯病法若干，练手法三十五，练步法十八，记有“六路”和“十段锦”歌诀及诠解，并述王征南独创之盘斫法及习拳精要。据黄百家所写的内家拳法，当时的内家拳即不是太极拳，也不同于形意、八卦等拳术。

3.《拳经·拳法备要》与作者

《拳经·拳法备要》一书为明代少林寺玄机和尚传授，陈松泉、张鸣鹗撰。清代康熙初年张孔昭补充,乾隆年间曹焕斗又增补并作序。1927 年由中国国技社改名为《玄机秘授穴道拳诀，跌打骨科秘本》出版。1936 年蟫隐庐出版影印本。本书分拳经、拳法备要各一卷。拳经记述了少林拳术的各种手法、身法、步法、眼法、劲力、运气以及应敌技术的秘诀。拳法备要则对拳势进行了图解（图7–17）。《拳经拳法备要》是一部以记述明末清初少林寺拳学为主，兼融民间优秀拳技之精华的拳学专著。书中所论技理，在明代拳论典籍的基础上又有新的发展。是清代拳学发展史上第一部成文最早、论理精深、技法全面、体系完整的拳学文献，全面反映了清代前期少林拳学发展的概貌。此书对研究少林武术有重要价值。

图7–17　玄机和尚步式

4.《苌氏武技书》与苌乃周

苌乃周（1728~1783），字纯诚，河南汜水人，出生于书香门第，自幼熟读经史，通晓《易》理，尤钟武技，研习精深，拳著宏富，独树一帜，是一位文武双全的武学大家。他撰写了《培养中气论》和《武备参考》，后人把它们辑成一书，命名为《苌氏武技书》。其卷一至卷五皆言拳法和拳理，多以阴阳立说论之。言拳技主于养气，务使气藏于腹，精神合一，气力乃成；言应敌则重在虚实相济；言运动，则谓两膊宜柔而活，不可使着力；言仆人，则必前脚下速进敌之身后，而不拘在人脚之内外；言练法，则需因势之自然，务使外形一家，再令圆面积熟，将筋节松开则微妙渊深得之加工硬化；论打法，去彼不动，我不动，彼欲动，我先动；其论出手，云内实精神，外示安逸。卷六为枪法，猿猴棒及双剑法。此书有“中气论”、“养气论”、“练气论”等多篇论气说，反映了作者既重武术之技法，又重健身强体之功。书中二十四拳谱有详细图解（图7–18）。

5.《太极拳论》与王宗岳

王宗岳，武术著作家，清乾隆时山西人。据清乾隆六十年（1795）佚名的《阴符枪谱·序》云，王宗岳“自少时，经史而外，黄帝、老子之书及兵家言，无书不读，而兼通击

图7–18　双龙入海图

刺之术，枪法其尤精者也”。晚年在河南洛阳、开封设馆教书。王宗岳悉心研习拳、械数十年，深懂陈（王廷）氏拳术之奥，撰成《太极拳经》、《阴符枪谱》。其中《太极拳论》篇，以太极两仪立说，阐述太极拳推手的要领和方法对太极拳发展影响很大，被后世奉为研习太极拳的经典。

王宗岳在《太极拳论》一文中以我国古代的阴阳学说为理论基础，阐明了太极拳推手的要领、方法和技击原理，如“人刚我柔谓之走，我顺人背谓之粘”；“动急则急应，动缓则缓随”；“人不知我，我独知人”；“四两拨千斤”等，成为太极拳的重要理论依据。

从清代武术文献论述的基本内容考察，武术研究的重点已明显由明代注重兵械技术而转向注重拳学方面，其作者皆为民间武术大家。这与明代武术典籍系由兵家论述枪刀兵械技法的特点相比，形成了全新的武学研究态势。这一突出特点不仅标志着兵家武术向民间武术回归的进程加速，还标志着武术技术与理论的研究重点发生了根本性转变，即以拳法为主体的民间武术的研究已经占据了主导位置。

十六、明清武术论著的主要成就与特点

1.拳械齐备，博采众家之长，集古代武术之大成

自明清始，武术论著的大量出版问世，标志着中国武术的发展进入到一个崭新的阶段。从拳学至刀、枪、剑、棍等兵械技术都有广泛、全面而且系统的论述；从习练方法到技

击原理的论述更为丰富多彩、各成一体；从图形到文字、口诀更加详尽、生动。明清武术典籍标志着一座里程碑，在武术的发展过程中起到了承上启下的重要作用，是中国古代武术走向成熟的必然产物。

以明代抗倭名将戚继光的《纪效新书》为例，根据近代武术史学家唐豪著于1935年的《戚继光拳经的研究及其评价》论述："自汉至明，凡千七八百年。何以在这样长的一个时期中，绝无一部如戚继光那样有图有说可供后人参考的拳法著述产出呢?大概，过去重文轻武的风气太浓厚，老粗们搏击之术，为风雅所耻言，……在这样的环境中，自然不会产生出像戚继光那样的著作来，而研究古拳法的材料，于是乎惟有戚氏的拳经。" 唐豪称之为"拳经"的是戚继光《纪效新书》第14卷《拳经捷要篇》，此篇专论拳术的技法与学理，是一篇系统整理、总结、提炼明代民间多种优秀拳技的上乘之作。戚氏搜集民间多家拳技，择优编成三十二式拳法，逐一绘成图势，并配以注诀，提示各势之技理，以利士卒训练掌握。如此图文并茂的编撰方式，开创了武术论著新体例的先河，为留存生动可贵的武术技法史料推动和武术的传衍发展作出了卓越的贡献。戚氏在《拳经捷要篇》中称："古今拳家，宋太祖有三十二式长拳，又有六步拳，猴拳，囮拳，名势各有所称，而实大同小异。至今之温家七十二行拳，三十六合锁，二十四弃探马，八闪番，十二短，此亦善之善者也。吕红八下虽刚、未及绵张短打。山东李半天之腿，鹰爪王之拿，千跌张之跌，张伯敬之打，少林寺之棍，与青田棍法相兼，杨氏枪法与巴子拳棍，皆今之有名者。”这是作者对民间拳法作过深入考察后的著录。文论还表明，作为我国传统徒手武技的四大类技击方法——踢法、打法、拿法、跌法，早在明代就已形成独立的体系，并以其各自独有的特点而成为享誉武坛之一绝，也标志着有着不同风格、特征与内容的武术流派开始在明代形成。

又如明代郑若曾在《江南经略》中列举当时民间流行的十一家拳法、三十一家棍法、十六家枪法、十五家刀法、六家剑法等；何良臣的《阵纪》记载了十七家拳法和诸家器械；而唐顺之《武编》不仅首次将民间武术拳派作了记载，并叙述了温家拳谱的拳势名称以及拳招使用的原则和具体用法。唐顺之所记载的这个拳谱是我国迄今为止所见到的最早的一个拳谱。

明清武术家不仅十分善于学习，而且能博采众家之长。如张孔昭述、曹焕斗注《拳经拳法备要》一书，统论长拳短打，宗少林而融百家，其书正文引言说道：“……张鸣鹗者，生平极好武艺。于是挟重资，游海内，遍访名家。或慕其下盘之善，而效其下焉；羡其上架之美，而学其上焉。兼而习之，久而化之，遂独成其一家，真所谓善之善者也。”

除了对武术拳种的搜集整理学习外，明清武术论著对武术技理的研究颇有深度，确立了以拳为源，以棍为本，刀、枪、剑为主要器械的总体范围，而明清以前在武艺中几乎占有主要地位的射技逐渐淡出武术。同时刀、枪、剑、棍各种技法也逐渐形成比较完整的体系，如杨家枪法，形成了包括八母、六合之法、二十四招式的技术体系，含有扎、缠、拦、拿等八个基本枪法、六组组合练习和二十四个招式变化等内容；明末清初著名武术家吴殳一生好武，尤其对枪法十分精通，曾学习过明代成名的诸家枪法，如杨家枪法、沙家竿子、石家枪法、马家枪法、峨嵋枪法、少林枪法等，他所撰写的《手臂录》对各家枪法从理论上进行了系统的研究和总结，可以说是集明代枪法之大成；此外程宗猷在《少林棍法阐宗》中记载，明代少林棍有势、有路、有谱，并用歌诀来说明棍势的攻防变化，已经具有比较完备的棍术体系；而与戚继光齐名的抗倭将军俞大猷的《剑经》则是明代棍法最具代表性者，俞大猷称“用棍如读四书，钩、刀、枪、钯，如各习一经。四书既明，六经之理亦明矣。若能棍，则各利器之法，从此得矣。”

总之，明清武术已经形成以技击实战为核心、基本技术为基础，套路为辅助形式的完整的技术体系。

2. 以兵法论武技，构建武术理论新框架

以兵法论武技是明代武术论著的重要特点。纵观明清武术论著，明代的论著多与兵书相通。馆藏中收录的明代20本（篇）论著有10本（篇）论著是军事著作。明代对武举武学的重视无疑极大地促使了军事著作的写作与出版，抗倭战争的需要加强了人们对武技的搜集整理与研究。如唐顺之依兵法原理为拳学立势法之论，使武术各专项皆可依势而论技法；程冲斗在《棍法阐宗·总论》中，精论兵学与武术技理的相通关系，表明了作者拳兵同源一理的观点；俞氏《剑经》和戚氏《拳经篇》、《长兵篇》，妙引兵学中的诸种理论，紧密结合武术各专项技术特点进行释意和融合，为武术技击中的技战术原则与思想的形成提供了丰富的素材。

从以下几部代表作，可以清晰地看出通过借鉴兵法，武术逐渐形成了自身的技战术思想和原则，从而为武术形成学科建立起基本框架。

其一、唐顺之在《武编》中，站在兵学思想的高度，运用兵法“势”与“虚实”之理，紧密结合武术技法特点，为拳学作“拳势”之论，明“虚实”之法，“拳有势者，所以为变化也。横邪侧面，起立走伏，皆有墙户，可以守，可以攻，故谓之势。拳有定势，而用时则无定势。然当其用也，变无定势，而实不失势，故谓之把势。作势之时，有虚有实，所谓惊法者虚，所谓取法者实也。似惊而实取，似取而实惊，虚实之用，妙存乎人。”其所述惊虚与实取的变化正是手搏实战中最重要的技法，从而确立起以势法论拳艺的武术学理要则，揭示出了中国武术技理之根本特点。

其二、《剑经》是一部精论棍法技理的武术专著，作者俞大猷作为一位著名的抗倭名将同时还是一名造诣很深的武术家，他在《剑经》中运用兵学原理阐释棍法的战术原则主要有三条：一为“后人发，先人至”，二为“致人而不致于人”，三为“顺人之势，借人之力”；并把棍法要领总结为“刚在他力前，柔乘他力后，彼忙我静待，知拍任君斗”和“阴阳要转，两手要直，前脚要曲，后脚要直，一打一揭，遍身着力，步步进前，天下无敌”。精妙的实战棍法加上兵家制胜的战术思想，《剑经》不仅受到军事武术家和民间武术家的推崇，而且也是当今现代散打技战术理论建设的重要素材。

其三、抗倭名将戚继光在《纪效新书》中有许多妙引兵学以释枪、拳技理之精论。如《长兵篇》中，作者在论述杨家枪枪法技理精要时，文谓：“其用惟杨家之法，有虚实，有奇正，有虚虚实实，有奇奇正正。其进锐，其退速，其势险，其节短，不动如山，动如雷震。”在《拳经捷要篇》中，戚继光首先强调要“拳打不知”，要求出拳瞬间，勿使对方觉察，即出手贵在神速之意；其次强调交手必须干脆利索，做到“不招不架，只是一下，犯了招架，就有十下”；对拳技精要作了深刻论述。

其四、《少林棍法阐宗》中，其作者程宗猷特别推崇兵法对棍法的指导作用，故运用兵法之理作《总论》一篇冠于全书之首，纵论兵学与棍法的相通关系。其文曰：“盖闻兵法有正有奇，有虚有实，度众寡强弱之势，决高下劳逸之机，识前后左右之局，审彼己主客之形，有长而匿短，有短而见长，有呼而动九天，有吸而静九地，能阴能阳，能柔能刚，可攻可守，可纵可横。今少林棍法，包罗变化，大类似焉。”此外，书后之“跋”文亦云：“古人论兵，因敌用奇，是为上算。”并称少林棍法中的“阴阳虚实之妙，实古兵法遗意也”，充分表明了作者拳兵同源一理的思想。

上述明清时期的多部武术论著中，以兵法论武技，不仅确立了以势法论拳艺的武术学理要则和拳兵同源的指导思想，而且极大地拓展了武术的技战术哲理和辩证思维的领域，使武术初步具备了较为完整和系统的技术战术理论。

3. 受传统文化的滋养，形成了武术文化的新形态

清代武术论著与明代最大的区别是军事武艺的内容明显不再占有主导地位，而是受传统文化的滋养，逐渐涉及诸如周易哲理、中医学、佛学道经以及古天文、历史、心理、美学等领域，并与其有机地结合起来，提出了“内外兼修”、“形气合炼”等思想，逐渐勾勒出武术与文化相融的新面貌，使武术最终在内涵与外延、思维方式与形式表达乃至行为哲学上都具备了完整而独特的新形态，为中国武术大文化形态的最终形成奠定了基础。

例如，中国武术对周易哲理思想的借鉴，构成了武术哲理相当重要的一个组成部分，深刻影响了武术从认识到实践的发展，并直接影响到一些重要技术形式的形成。清代王宗岳在《太极拳论》中开篇写道：“太极者，无极而生，动静之机，阴阳之母也，动之则分，静之则合，无过不及，随曲就伸。”此论不仅深受《易经》之影响，而且也融合了道家“有生于无”的思想。“无过不及，随曲就伸”之论亦成为

太极拳、太极推手的练功要则。文中还论及“虚领顶劲，气沉丹田。不偏不倚，忽隐忽现”，把武术的练功与练气有机地结合在一起，增强了其养生健身价值。康熙雍正年间的《六合拳谱》中提出“内三合外三合”：把心、意、气、力四者之间的关系用一个“合”字作了精辟的概括。

此外，清乾隆年间河南汜水人苌乃周以易理医理阐论拳理，大大丰富了武术的技理之内涵，创立了独特的苌氏拳学理论体系。在《苌氏武技书》书中，苌乃周以自己深厚的武术功底和文化素养，运用易学、中医学、道教内丹修炼学的理论，写下了《中气论》、《过气论》、《行气论》、《点气论》、《养气论》等论气专篇，具体论述了拳技与“中气”内外兼修、形气合炼之学理与方法，并结合武术技艺特点对锻炼之要诀、方法，进行了全面、深入的论述，其内容之丰富，论理之独特，具有很高的拳学成就，开创了内功拳学之先河，堪称精品之作。

综上所述，明清武术典籍中所蕴含的传统文化的精髓，为武术运动鲜明的文化特色注入了新的营养，开创了武术文化史上光辉的一页。

第八章　20世纪武术运动的完善

民国时期，从1911年至1949年，历时三十八年。其间军阀割据、政局动荡、政府变迁、不同思潮的激烈交锋、土洋体育的争论以及连年战火等，都对武术的发展产生着极大的影响。新中国成立后的50多年是武术运动蓬勃发展的时期，不仅加大了武术规范化和制度化的建设，加强了武术的科研工作以及武术人才的培养，促进了群众武术活动的蓬勃开展，而且使武术跻身于现代竞技体育的行列，走上了现代化发展之路。

一、民国时期武术发展的主要特点

西方自然体育观的传入对近代武术发展产生了重大影响，它不仅为近代武术提供了自然科学的理论、增添了新的传授方法内容和竞赛方法，而且对传统武术的思维方式产生了极大的冲击。纵观30多年民国武术的发展情况，主要有以下四个特点：

1. 以城市为中心，以武术组织为龙头，推动武术的普及和发展

城市武术组织大量聘请民间拳师任教，使得原本常常仅

限于在一地一族中传习的拳术，冲破了地域家族界限广传于世；原本拳师个人设场授徒，也变成了拳社招生开班。城市武术组织的大量派生，还改变了原来武术主要在农村传习、自生自灭的情况，形成了以城市武术组织为中心，有组织地推广武术、有组织地开展对武术的整理和研究。这些组织对武术的认识程度和研究成果，常常左右着武术的发展。精武会、中华武术会等大型组织的活动，直接左右着其下属分会的会务。中央国术馆的决策，更直接影响着当时武术的总体发展。

2. 在近代文化体育思潮影响下，武术从价值观到运动锻炼思想，从教习到表演和竞赛方式，都向着科学化与规范化的方向演进，使传统武术开始了适应现代社会的变化过程

欧、美各项体育在竞技场上的交流和比试，启发了国人的效仿和探索：这一历史的演进，以“师夷之长技”为先导，后经洋务运动、戊戌变法直至辛亥革命、五四运动，才逐渐从引进照搬而落脚到改造自己传统体育项目的实处。

从19世纪20年代开始，武术开始出现正式的单项运动会，并逐步被列为综合性运动会的正式比赛项目，为武术跃进到现代体育的竞技行列准备了条件。

（1）1923年4月，在上海西门公共体育场举行了全国武术运动大会。

（2）1928年10月28日，南京中央国术馆举办的第一届国术国考，在南京公共体育场举行，参加者为国术馆的教师

和学生。比赛进行了10天。凡参加者先比赛刀、枪、剑、棍、拳，及格后才能参加击打项目。击打项目有：散手、短兵、长兵、摔跤。

（3）1929年，在杭州和上海分别举行了国术比赛。参加者可临时推荐和自己报名。项目只有散手。规则规定以打倒对方认输为胜，无时间限制，所以有人称此为“拼命比赛”。通过这两次比赛解决了一个问题，即武术神秘化得到一定的纠正，如什么铁砂掌、铁布衫、油锤贯顶、铜头铁额、铁裆、不出山的剑仙、名家圣手等没有什么了不得，要想取得成绩，还得靠胆识、技、力、巧。

（4）1933年，在南京举行了第二次全国运动大会。此次大会原订1931年举行，因闹大水灾及“九·一八”事变而延期到1933年。这是武术第一次参加综合性的体育比赛，项目有散手、长兵、短兵、摔跤和套路表演赛。

（5）1933年，在南京中央国术馆举行第二届国术国考。大部分省、市都派有代表参加，人数不限，有的队多达百多人，少的只有数人。项目有男女散手、男女短兵以及男性的中国式摔跤、国际拳击。

（6）1935年10月，第六届全国运动会在上海市运动场举行。武术比赛项目有拳术、器械、摔跤、射箭、弹丸、举重等。在开幕式上，上海三千小学生表演了太极拳。

（7）1948年5月，在上海江湾体育场举行了第七届全国运动会。武术项目有拳术、器械套路表演。武术表演的规则是："表演成绩以姿势、动作及运动三种为标准，每种均以100分计算，再以三种之总分平均之。"

随着近代体育的传入，特别是欧美体操、田径、足球、游泳、篮球、乒乓球、网球、棒球、垒球等项目的广泛开展，近代竞技项目的运动会，从19世纪末到20世纪初陆续在中国出现。早期主要有：学校、省、市运动会，大区运动会，全国运动会以及远东运动会等。这些运动会所设项目主要是田径、球类诸项。可喜的是华北运动会(1913~1934年，共18届)在第十五届增设了男子摔跤、武术表演；华中运动会(1923~1936年，共6届)在第六届增加有武术表演；全运会(1910~1948 年，共7届)从第二届开始有了武术比赛(图8-1)。在近代体育竞技机制的影响下，武术的竞赛性质得到肯定和发展。武术在近代体育的各项角逐中有了一席之地，开始了自我改造、适应近代体育竞赛性质的各项工作。这种从民间转向大雅之堂的变化，对武术运动的完善具有重要的历史意义。

图8-1　民国第五届全运会女子摔角决赛、剑术（短兵）决赛

3. 古老的中国武术被纳入了现代教育的范畴

1915年4月，在天津召开的“全国教育联合会”第一次会议上，通过了北京体育研究社许禹生等提出的《拟请提倡中国旧有武术列为学校必修课》议案。教育部明令“各学校应添授中国旧有武技，此项教员于各师范学校养成之”。至此，源远流长的中国传统武术，正式进入学校教育，成为学校体育课程中的一项内容。

1916年，精武体育会派教师在上海中华铁路学校传授武术（图8-2）。民国初期，上海市广东小学7～15岁学生的体育课设有武术（图8-3）。

在体育教学中，大学(学院)、师范专科学校已把武术(当时称国术)列为课程之一。历次规定的体育课程标准中均提出了武术，虽为点缀，确已开了先例。

图8-2

图8–3

4. 武术研究逐渐开展

从古代延传下来的武术，虽带有古代哲学思想的色彩和中医学、保健养生学等方面的认识价值，但是仅停留在这个基础上，不进一步对其研究和认识，就难以适应社会进步的要求。尤其是以现代科学理论为基础的欧美体育项目的大量传入，使人们感到传统武术也要走科学化的道路。

新文化运动以后，一些学者开始用新的观念去认识武术。他们整理研究传统武术，考证武术的历史渊源。武术史家唐豪在这方面做出了开拓性的贡献，撰写了大量的武术论著。此外，1918年商务印书馆出版郭希汾的《中国体育史》，对武术与体育、武术与传统文化作了一定的探索。

二三十年代前后还出版了一大批整理传统武术的专著，著述之丰者当推姜容樵。姜容樵曾任南京中央国术馆编审处处长，主编了《国术周刊》和各种武术教材。

还有许多习武之人大量总结传统套路，编写了包括传统套路及其练法、用法等武术之作。如孙禄堂的《八卦掌学》、《太极拳学》，陈微明的《太极拳术》等。

这一时期人们还有意识地涉及武术与近代自然科学的问题。如《形意拳术诀微》中专立“运动筋肉说”为一章；《太极拳浅说》中有“太极拳与心理学之关系”、“太极拳与生理学之关系”、“太极拳与力学之关系”等内容。

二、民间武术组织与精武体育会

辛亥革命后，清末因“庚子事变”而一度低沉的武术活动逐步活跃起来。当时，各界人士倡导“强国强种”，中国传统武术引起了人们的重视。一些社会名流和教育家，延揽武术人才，出面组织以推广和研究武术为宗旨的武术组织。

据不完全统计，上海除1910年成立的精武会外，还有中华武术会等三十多家武术会社；北京除1911年成立的北京体育研究社外，还有中华尚武学社等二十五家武术会社；天津除1911年成立的中华武士会外，还有道德武术研究会等十余家武术会社。其他大中城市的情况也大体如此。其中最有代表性的当数精武体育会。

1. 精武体育会产生与创建

1909年冬，西洋大力士奥皮音在上海演出时诬蔑中国人为东亚病夫，因而激起爱国人士的极大义愤，在同盟会陈其美、农劲荪等人的提议下，邀请扬名华北的爱国武术家霍元甲(图 8-4) 到沪与奥波音擂台比武一决高低。1910 年 4 月霍元甲来到上海，奥却闻风而逃，不战自败。为弘扬中华武术，培养革命力量，在陈其美、农劲荪的积极倡导下，霍元甲在上海闸北王家宅创办中国精武体操会，成立日期是1910年7月7日，会长农劲荪，首批入会学员共七十三人，其中有陈其美、陈公哲、姚蟾伯、卢炜昌等人。

图8–4　霍元甲

不久，霍元甲在上海病逝，中国精武体操会于1916年4月迁入新会舍并易名为上海精武体育会。三名主事陈公哲、姚蟾伯、卢炜昌站在时代的高度，不断开拓精武事业。

2. 孙中山与精武会

精武体育会的事业能得到长足发展是与孙中山先生的关怀与支持分不开的。

1916年11月5日孙先生首次出现在精武体育会所举行的技击高级学员毕业典礼上，应邀作了重要讲话，他强调技击有益于身体，国人必须致力于技击。

1919年孙先生为《精武本纪》作序，他在序中更进一步阐述技击的重要，目的就是要唤起人民重视技击术，参加技击运动，以达到强国强种。

在精武体育会建会十周年之际，孙中山先生亲笔题写“尚武精神”的横匾(图8–5)。

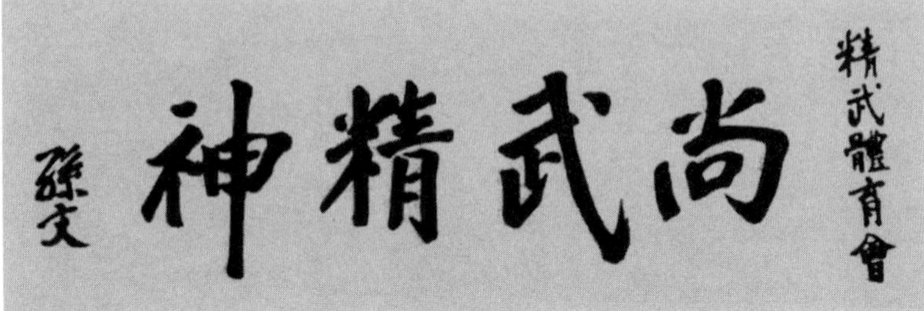

图8–5　孙中山先生为精武体育会十周年题词

3．精武精神与历史功绩

精武精神可以用八个字来概括：爱国、修身、正义、助人。精武体育会的会徽为盾形，含义是“取防卫之意，武术应以保身卫国，非以攻人”。盾形上方有黄、蓝、红三颗星，含义有二：其一黄星代表体育，蓝星代表智育、红星代表德育，体现出来精武体育会的宗旨为“体、智、德”三方面发展。其二，精武会当年武术训练分三级，每两年训练为一期，第一期结业可取得黄星（第一级），第二期结业增加蓝星（第二级），第三期结业者再增加红星（第三级）。

精武体育会的建立与发展，一是变革了武术的旧式传授方法，输入现代教育思想，摒弃门户之见，熔各派于一炉，开创了各派武术各扬所长、共同发展的新局面；二是确立了以体、智、德三育为宗旨和“爱国、修身、正义、助人”的

精武精神；三是把精武事业推向全国，走向海外，使精武体育会成为遍布世界各地、具有华人特色的体育社团，对于推动中华武术走出国门、走向世界作出了积极的贡献。

三、张之江与中央国术馆、中央国术体育专科

张之江(1882~1969)，河北盐山人。行武出身，曾任冯玉祥西北军的旅长、代总司令、驻南京总代表等。1927年底和李景林、王子平、庞玉森、高振东、马英图、柳印虎等人在南京共同创建了武术研究所，并向中央申请获准把“武术”改为“国术”，使之与国旗、国歌、国画、国徽齐名。被列为“国术”的武术由一门普通的技击术上升到国术的高度，“国术”这一提法使武术的社会地位大大提升，促使武术的发展在民国中期掀起一个高潮。

1928年3月，武术研究所得到当时行政院的支持，改组为中央国术馆，张之江任馆长直至最后。在中央国术馆的带动下，全国各省市县几乎都成立了国术馆，从而形成了一个自上而下的国术馆系统，掀起波及全国的习武浪潮，习武情绪空前高涨，武术在全国得到大面积普及。

中央国术馆还创办出版了《国术周刊》、《中央国术旬刊》、《国术统一月刊》等武术刊物，编辑出版了大量的武术论著和教材。

1933年张之江率武术代表团访问日本，进行巡回表演。回国后创办了中央国术馆国术体育传习所，初为中专性质，

次年馆、校分立，改名为国术体育学校。1936年易名国立国术体育专科学校，升格为大专，这是我国第一所以武术为主课的高等学校。国立国术体育专科学校以强国强种、卫家卫国为办学方针，以国术与体育并重、培养全才师资为宗旨，并高额特聘大批体育名家及外籍教师来校任教，大胆借鉴西方体育发展模式，从而突破了中西体育界限，将大量西方体育的训练模式、教学模式与竞赛模式引入武术，培养了许多武术优秀人才。

参加十一届奥运会的国术队男队员合影
（左一为张文广教授、右三为温敬铭教授、右二为郑怀贤教授）

图8–6

张之江还是历次全国性武术比赛、全运会武术比赛的主要组织者，还曾主持了1936年参加第十一届奥运会的我国武术队的选拔、培训，并率领武术旅行团访问香港及东南亚。

1930年、1936年，张之江先后组织武术代表团分别赴日本、南洋和柏林进行了三次出访，精彩而成功的表演，引起了强烈轰动，扩大了武术的国际影响。特别是1936年柏林一行，在中国参赛选手全军覆没的情况下，中国武术的表演却赢得了各国观众的交口称赞。这是民国时期中国武术对海外影响最大的一次活动，也是张之江在武术对外传播史上的精彩一笔。

历次活动不仅有力地宣传了武术，而且拉开了近代武术走向世界的序幕。他在任中央国术馆馆长、国术体专校长期间，聚集了一批知名拳师，研究整理武术，开展武术教学和辅导，对促进武术的恢复和发展、建立和完善武术竞赛制度、探索武术教育与“洋”体育的结合等方面都作出了巨大的贡献。他的主要论著有《国术与国难》、《国术与体育》等。

1957年，76岁的张之江在全国政协二届三次会议上发表题为《不要忽视国术的研究整理工作》的讲话，并亲笔写信给毛主席，提议挖掘整理宝贵武术遗产，这一切无不展现出张之江发扬武术的赤诚之心。

四、近代武术中的主要人物与成就

1. 马良与“中华新武术”

马良(1878~1947)，字子贞。河北保定人。幼承家学，习文练武。经数年研习，明技击义理。1900年，马良邀集一些知名拳师着手创编《中华新武术》，此后，又于1911年和1914年两次邀集知名拳家对此进行修编，其内容包括“率角(摔跤)科”、“拳脚科”、“棍术科”、“剑术科”。马良从1901年任山西武备学堂和直隶陆军速成学堂教习起，接连在常备军、陆军中任职至旅长、济南卫戍司令官、济南镇守使。在这20余年期间，马良均以所编《中华新武术》为军事训练教材，并于1911年组编武术队实习，于1914年组编军事武术传习所(即技术队)，训练骨干，培养师资。与此同时，他四方游说倡议，《中华新武术》逐渐被有关当局定为“军警必学之术”，并定为全国各中等学校、专门学校、国民学校，乃至全国的“正式体操”，为武术的普及起过一定作用。

2. *唐豪与近代武术史学研究*

唐豪(1897~1959)，字范生，江苏省吴县人。幼年家贫，苦读之暇，喜习武术。早年留学日本，专攻法律，对柔道、劈刺亦甚爱好，回国后任律师并积极倡导武术，1929年12月后任中央国术馆编审处处长。他长期从事武术史方面的考探研究，曾亲赴河南嵩山少林寺和河南温县陈家沟等地考察，著有《少林武当考》、《太极拳史的研究》、《太极拳与内家拳》、《中国武艺图籍考》、《戚继光拳经》、《少林拳术秘诀考证》等著作。他常发表有关武术史的演讲，在促进武术史研究的科学化和揭破武术运动中的种种神秘色彩等方面，起过积极作用。

3. 马凤图与通备拳

马凤图(1888~1973)，字健翊。著名武术家，回族。河北沧县人。自幼随祖辈、父、舅等专习劈挂拳及摔跤并八极拳等。光绪二十五年(1899)，师从黄林彪习通备大架子、十二大趟手、劈挂、青龙等拳术及六合枪法、双手刀法、宣化剑等。1909 年入天津北洋高等师范专科学校。1910年受同盟会燕京支部之命，与叶云表等创办中华武士会，任副会长兼总教习。

1920年投奔冯玉祥部队。1924年与张之江创办冯部新武术研究会，并任白刃战术研究室主任，主编《白刃战术教程》，并与弟英图创编了“破峰八刀”、劈挂拳第三路“飞虎拳”等。1926年随国民军入西北。1933~1935 年，创办甘肃省、青海省国术馆，曾兼任两馆副馆长。抗日战争爆发后，致力于武术与中医的研究。1945年后任西北师范学院体育系兼职副教授。

新中国成立后从事医学工作。历任甘肃省政协委员、省民革常委、省武协主席、省中医学会主席等职。晚年客居西北，经数十年传习推广，以“通备劲”为特征的劈挂、八极、翻子、戳脚以及奇枪、风魔棍、劈挂刀、魔袍剑等拳械广为流传于西北诸省。一生授徒颇众，其弟子主要有王桂林、沙子香、王天鹏、刘仁、罗文源等，其子马颖达、马贤达、马令达、马明达亦继家学。

其弟马英图(1898~1956)，字健勋，著名武术家，河北沧县人。自幼体健有力。初从父马捷元、兄马风图习武。光绪三十年(1904)从张拱辰习八极拳、六合大枪等。精八极，兼长劈挂、翻子、戳脚、刀、剑、棍法等，尤擅实用技击、摔跤，劈刺，骑射等。宣统二年(1910)，在天津中华武士会成立会典上，表演八极拳、拦门橛，受到赞誉。民国初年，就读于奉天警官学校，从郝鸣九、程东阁、胡奉三等习翻子，戳脚等艺。1920年入冯玉祥部队，因功获上校参谋等职。

1923年受前敌总司令张之江之命，率敢死队，持大刀、短枪为全军开路，一举攻克天津，受到冯玉祥的通令嘉奖。1928 年初任中央国术馆“少林门”第二科首任科长，并负责筹备第一次国术国考。在为制定国考规则而举行的内部徒手、长短兵对抗赛中，连克名手，被誉为该馆实力派代表人物。30 年代末任宋哲元等部武术教官等。1949年随傅作义部起义。后因病退务农。其徒有李元智、何福生，牛僧华、韩俊元等。

4. 王芗斋与大成拳

王芗斋（1886~1963），号字僧，又名向斋、尼宝、政和，河北深县人。芗斋为后来所用之名，晚年自号矛盾老人。

王芗斋是大成拳的创始人，被誉为“大成拳一代宗师”，是卓越的拳学改革家和拳学理论家，著有《意拳正轨》、《大成拳论》等文。王芗斋自幼体弱多病，家人送其至形意拳名家郭云深先生处学艺，郭云深为形意拳承前启后的人物，王芗斋刻苦学习钻研，深得其教诲。

随后，王芗斋游历大江南北，访问名家，拜会武友，使自己的技艺又有了突飞猛进的发展，无论是拳理还是训练法上都更加趋于完善。他不拘一格，破除门户之见，汲取各家技术之长，熔为一炉，推陈出新，创立了一种以站桩功为训练基础、没有套路的新型拳术；因为是博采众长，所以北京张玉衡先生将这种拳定名为大成拳。

王芗斋作为一代武术宗师，不仅有很高的武术技艺，而且擅长诗词歌赋，书画成就也颇高，王芗斋与我国国画大师李苦禅有这样一件轶事，他们互以对方所长题写对联，李苦禅以拳为题，王芗斋以画为题，二人一共对了三联。

一、王芗斋：章不章　法不法　挥笔之际是真法

　　李苦禅：形无形　意无意　发拳之中是真意

二、王芗斋：诗是无形画　画是无形诗

　　李苦禅：意既无形拳　拳为无形意

三、王芗斋：画成书为极则

　　李苦禅：武至文是上乘

三联不仅对仗工整，而且蕴含着极深刻的艺术和武学哲理，相映成趣。

5.　孙禄堂与孙氏太极拳

孙福全(1861~1933)，字禄堂。孙式太极拳的创始人。自幼好武，先从李魁元、程廷华学形意拳和八卦掌，后从武式太极拳派名手郝为真学习。辛亥革命后曾任军职。1928年任

江苏国术馆教务主任。孙福全除任教外，还潜心研习武术理论。著有《形意拳学》、《八卦拳学》、《太极拳学》、《拳意述真》等著作，是一个文武兼备的武术家。据传，他多次击败过日本和俄国大力士，晚年常打太极拳，技艺日臻精纯，遂自成一家，称之为孙式太极拳。

五、新中国确立了现代武术的发展方向

半封建半殖民地社会孕育的武术运动，虽经欧、美近代体育的熏陶和影响有所改进，但是，武术中宗派门户之见、仙传神授之说、陈规陋习之恶，直到新中国成立后相当一段时间还充斥于武术运动的各个领域。保守落后的观念、有损健康的动作和某些项目，亟待改造和纠正。党中央针对武术运动的客观现实，由中华全国体育总会于1950年在北京召开了武术座谈会，参加座谈会的有张文广(天津)、徐致一(上海)、田镇峰(北京)等。会议纠正了各种错误倾向，确立了武术运动的社会主义性质和为人民健康服务的发展方向，批判了保守思想、门户之见，清除了反科学、有害健康的锻炼方法，使武术开始沿着正确的方向发展。在贺龙同志“发掘、整理、提高、推广”的方针指引下，1952年冬，武术被列为推广项目。同年，设立了民族形式体育运动委员。1953年11月2~12 日，在天津举行了第一次全国民族形式体育表演和竞赛大会。赴京武术表演团为党和国家领导人在中南海怀仁堂作了精彩表演。朱德同志说：“要珍视祖国几千年的传统。”

图8-7 20世纪50年代周恩来总理观看八极拳表演

1954年各地体育院、系，把武术列为正式课程。唐豪等主持武术史料研究工作，先后出版了十多辑《中国体育史参考资料》。

1956年春，刘少奇同志指示“要加强研究，改革武术、气功等我国的传统体育项目，研究其科学价值，采取各种方法传授、推广”。同年4月28日通过的《中华人民共和国运动竞赛制度暂行规定》（草案），把“武术列为表演项目，定期举行”。同年秋，在北京举行了十二单位武术表演大会。荣高棠同志指出：“在武术项目推广上，从实际出发，首先抓住全国发展比较普遍的项目，作为研究发展的重点，逐步整理武术技术，建立运动制度。”

1957年国家体委提出：“凡是爱好武术的，都可以像其他项目一样，自愿地组织锻炼小组或单位进行锻炼，各地可

以举办武术表演。”同年在北京召开了全国武术学习会，北京、上海、武汉等十八个省、市组织了武术协会、武术指导小组等，北京、武汉、成都等体育学院开设武术选修课。

图8–8　原国家体委主任、中国武术协会第一任主席、原国际武联主席李梦华（右）向参加武术裁判员考试的学员颁发结业证书

1959年举办了全国武术学习会及全国武术裁判员训练班。

1960年开始，各省、自治区、直辖市纷纷成立武术优秀运动队，业余体校增设了武术班，中、小学把武术列为体育教学内容。同年中国武术团首次出访东南亚。武术自1957年列为国家竞赛项目后，每年都举行全国武术竞赛和表演。

1958年制定了第一部武术竞赛规则，促进了长拳、太极拳、南拳及相应器械套路的创新和发展。

从1949~1966年，在党的政策的正确指导下，武术运动进入到稳步发展的阶段。

1966~1976年的“十年动乱”期间，广大武术工作者被扣上“反动学术权威”、“封建遗老遗少”的帽子，武术被全盘否定，大量古老的拳谱及武术书籍被抄毁，武术器械被收缴，对仅存的一些武术项目也通过所谓审查、用舞台化的各种动作硬套在传统技法中，致使武术发展长期偏离了正确的民族方向；特别在极“左”思潮影响下，武术不准谈“技击”、“劲力”和“攻防方法”，武术的特点被扭曲，使武术走进了死胡同。

粉碎“四人帮”后，经过切实的调查研究和认真的组织准备，1982年底在李梦华同志的主持下，国家体委召开了新中国成立以来首次全国武术工作会议。这是一次具有历史意义的盛会，不仅为武术正了名，恢复了武术工作者的社会地位，还为新时期武术发展制订了方针、政策，规定了任务，从而极大地鼓舞了广大武术工作者及爱好者的积极性，使沉寂了十余年的武术得以复苏。会议研讨并整理的《全国武术工作会议纪要》以及后来颁发的《关于加强武术工作的决定》，成为此后武术大发展的纲领，尤其是会议中提出“武术要开展国际交流，积极稳妥地向国外推广”的战略目标，为武术走向世界一锤定音。为此1984年在武汉市举行了由13个国家和地区的武术团体负责人参加的座谈会，共同讨论了一个国际武术运动的大题目：自发的、分散的、个体的武术运动时代应该结束了，要迈步进入一个有组织、有领导的新时期。嗣后的国际武联、欧洲武联、亚洲武联、拉美武联和非洲武联的诞生，都与这次会议有极大的关系，可以说“武汉会议”奏响了武术运动国际化的交响序曲。

与此同时，在提倡社会办武术的正确思想指导下，各级人民政府和民间举办的武术馆、校、社团如雨后春笋般诞生。据报道多达一万多所。武术事业正在中国大地上蓬勃发展，生生不已。

六、武术科研的开展与人才培养

新中国成立之后，国家领导人对武术给予了大量的关注，相应地带动了一批学术专家开始关注武术的实践与理论研究。

同年，国家体委在青岛召开了全国体育学院院长座谈会，专门讨论了武术进入体育院校的重要性。会后，北京、上海、成都、武汉等体育院校相继设立了武术系，开设武术专业，其他体育院校也设立了武术专项选修课。1961年，国家体委组织武术专家编写了我国第一部全国体育学院本科讲义《武术》专业教材(上、中、下)，以后20年间对其又进行了两次编写和修订。1984年国务院正式批准了武术硕士学位授予权，专门培养研究武术技术与理论的高层次人才。一批武术硕士研究生陆续踏上工作岗位，成为武术科学研究的生力军、成为光大武术的中流砥柱。

1986年，国务院批准成立了国家体委武术研究院，使武术研究走向专业化。武术研究院开展了对武术运动的历史、理论、技术的有关政策等方面的研究，同时还培养了一批武术研究骨干，为武术在国内外的健康发展奠定了理论基础。随着武术运动的蓬勃发展，武术学术研究也空前活跃。1987年6月，在北京举行了第一届“全国武术学术研讨会”，此次大会收到全国各地参评论文372篇，论文选题涉及武术发展战略、武术定义、特点、历史源流、生理机制、哲理以及教学与训练等各个方面。同时，成立了中国体育科学学会武术分会。这标志着武术已经向立体交叉的新兴跨学科方向起步。

1987年以后，国家体委武术研究院与中国体育科学学会武术分会举办了十几次大型学术活动，其中包括全国武术研

图8-9 各地捐献给中国武术协会的部分武术典籍、兵械图

讨会、国际性武术学术报告会或交流会。先后编印了《1988年中国国际武术节论文选》、《武术科学探秘》、《第一届世界武术锦标赛论文报告会论文选编》、《1997年全国武术获奖论文选》、《1999年全国专题研讨会论文集》、《2002年上海国际武术博览会论文集》、《2003年国际武术论文报告会论文集》、《武术研究》等。

20世纪90年代中期，随着时代的发展和武术学术思想的不断深化，一些武术专家和学者站在整体建设的高度，将武术作为一个系统的科学，从多角度、多学科方向探讨其内部深层次的本质、学科体系以及武术与其他相关学科的关系；将武术视为一种文化，视为中华民族传统文化的一个分支；对武术进行跨学科的科学研究，使武术成为与体育学科并行研究的较为宽泛的新兴学科；并对武术理论和技术体系框架进行了专题研讨，发表了一些相关论文。

随着武术逐步推向世界、国际国内地位不断提高，武术也渐渐为世人所尊重。1996年，国务院学位办通过论证投票，在上海体育学院设立了第一个武术理论与方法的博士学位授权单位，武术的学科地位步入了高等学府的博士学科行列，我国的武术人才培养也更上了一个台阶。一大批民族传统体育学硕士研究生和数十名博士研究生，加入到武术科研队伍中来，壮大了武术科研队伍。在广大武术科研工作者的辛勤努力下，大批的科研成果相继问世。《武术理论基础》、《全国武术教练员岗位培训教材》、《中国武术史》、《武术学概论》、《中国武术文化概论》、《中国武术历史与文化》、《中国武术与传统文化》、《武术科学研究》、《中国武术实用大全》等著作的出版发行，标志着武术学科的理论体系不断完善。

武术的挖掘与整理工作全面展开。1949年中华全国体育总会成立之初就开始了武术的系统管理工作，五十多年里组织了两次全国性规模的挖掘整理与抢救遗产工作，及时挽救了很多武术成果，对武术的科研发展和理论研究工作的开展起到了重要的推动作用，在我国武术发展史上具有十分重要的意义。

第一次挖整工作发生于50年代，内容包括：国家体委重点研究了太极拳、长拳、刀、枪、剑、棍等项目；生理学家对1956 年全国十二单位武术评奖观摩大会的运动贝作了生理测定；对武术性质及个别项目的源流、演变过程、发展方向、锻炼效果、锻炼方法、比赛规则等问题，在报刊上开展过广泛的探索、讨论；出版了许多武术专著、挂图、画册，并翻印了一部分有价值的武术古籍。

图8–10　1986年全国武术遗产挖掘整理成果展览在北京举办。国家体委领导与工作人员合影

第二次挖掘整理工作是在十年文革之后。趁身怀技艺的一部分老拳师尚在之时，国家体委于1979年及时发出了“关于发掘、整理武术遗产的通知”，要求“各地体委一定要对武术的继承、发掘、研究、整理工作给予足够重视”。1983~1986年，在国家体委统一部署和各级体委积极参与下，全国动员了八千余名专职武术工作者和业余爱好者，耗资100多万元，开展了我国武术发展史上空前的“普查家底，抢救遗产”工作。经过三年艰苦努力，初步查明流传各地的“源流有序、拳理明晰、风格独特、自成体系”的拳种120个；各省、区、市编写的各拳种理论、技术和传播发展的典籍——《拳械》和《武术史志》等达651万多字；录制了70岁以上老拳师的拳艺394.5小时；为保存武术文物、史料开展的“献拳经拳谱、献兵器实物、献功法技艺”的三献活动，共收集了有关文献482本，古兵器392件，实物29件。此次挖掘整理工作极大地丰富了武术文物资料库，为武术挖掘、整理、继承、发展奠定了物质基础，为弘扬武术文化、促进武术国际化的进程准备了基本条件。

七、武术制度与组织建设

为了进一步规范武术的发展，国家武术运动管理中心开始了新时期武术发展的探索，即加大了武术规范化和制度化的建设。到目前为止，主要推出了《武术运动员等级制度》、

《武术裁判员等级制度》、《武术教练员等级制度》、《中国武术之乡评比制度》、《中国武术协会会员制》和《中国武术段位制》等。

《中国武术段位制》是国家体育总局武术运动管理中心为进一步推动武术运动的发展、增强人民体质、建立规范的全民武术锻炼体系、全面评价习武者的武术水平而制定的等级制度。实施武术段位制是深化武术项目改革、加强武术运动行业性和规范化管理的重要举措。武术段位制实施办法规定：段位制的考核分为武德考试、技术考核以及理论考核。其中段位制武德考试的意义在于加强现代社会习武人群的武德水平；武术段位制中技术考核的目的不仅在于规范动作，而且在于保证段位制的公正、公平；武术段位制理论考核的

图8-11　1998年，首批中国武术段位制授段仪式在北京举行，图为获得最高段位“九段”的何福生、张文广、蔡龙云

实质在于适应武术发展的需要，把理论考核作为提高习武人群素质的突破口之一，从理论的高度实现武术训练的科学化，提高武术人口的“含科量”。

《中国武术段位制》从1998年1月1日实施至今，在扩大武术锻炼人口、调动广大习武者学习的积极性、促进民间技术的发现整理以及推动全民健身的普及和发展上做出了巨大的贡献。

我国目前主要的武术组织有中国武术协会、国家体育总局武术运动管理中心、武术研究院、中国体育科学学会武术学会等。

1. 中国武术协会

该协会是中国武术的全国性群众组织，是中华全国体育总会领导下的单项运动协会之一。1958年9月成立。协会下设教练委员会、裁判委员会、科研委员会、新闻委员会、产业发展委员会、传统武术委员会，各地设有武术协会分会。中国武术协会通过“实体化”和实施会员制度，以社团形式组织开展全国武术工作。其任务是：团结全国武术工作者继承、发掘、研究整理武术遗产，广泛推动群众性武术运动，不断提高技术水平，开展科研活动，宣传武术知识，协助国家体育部门研究审定武术项目的比赛和表演规则，组织全国性武术比赛，选拔优秀运动员、审定考核等级教练员、裁判员，代表中国参加国际武术活动，开展国际武术交流活动和友好往来。

2. 国家体育总局武术运动管理中心

原称中华人民共和国体育运动委员会武术运动管理中心。经中央机构编制委员会批准，于1994年9月在北京正式成立。1998年4月改现名。它是国家体育总局直属事业单位，是国家体育总局实施对国内武术工作领导的最高权力机构。该中心成立后，不断修改、完善武术套路和散打竞赛规则，相继出台了《武术裁判员管理办法》、《经营性武术组织管理规定》、《关于审批举办国内、国际武术活动的通知》、《中国武术段位制》等政策法规性文件，规范了武术管理。现正加强竞技武术、社会武术和健身气功的管理工作，组织多方面力量推动武术科研、宣传、市场开发和国际推广工作，逐步建立健全了全国武术管理的组织体系，促进武术事业的健康发展。

3. 武术研究院

武术研究院是国家武术研究机构，原称中国武术研究院。1986 年3月在北京成立，1998年4月改现名。武术研究院是国家体育总局直接领导的武术研究机构。主要任务是对武术的历史、理论、技术和有关方针政策进行研究，培养和训练武术骨干队伍，为发展武术运动和将武术运动推向世界服务。

这是我国历史上第一个国家级的、具有权威性的武术研究机构。

4. 中国体育科学学会武术学会

中国体育科学学会武术分会是武术学术社团，中国体育科学学会中惟一的一个单项体育技术的学术社团。1987年6月25日在北京成立，称中国体育科学学会武术分会，1992年改现名。隶属中国科协体育科学学会。其宗旨是：团结、组织广大专业和业余从事武术科学研究人员，为促进和繁荣武术科研事业、促进武术科技人才的成长与提高、加速武术事业的发展而积极奋斗。其方针、任务是：提倡辩证唯物主义和历史唯物主义、坚持百家争鸣，倡导科学道德和优良学风；开展学术交流，活跃学术思想，提高学科水平，组织定期的学术研讨活动，普及武术知识，传播与推广武术科研成果与经验。

中国体育科学学会武术分会的成立标志着武术发展的新阶段，为武术的理论建设、科学研究开拓了新天地。

国际上的武术组织主要是国际武术联合会，简称国际武联。英文全名为INTERNATIONAL WUSHUFEDERATION，缩写为IWUF。1990年10月3日在中国北京成立，成员国38个，中国李梦华为第一任主席。国际武联每两年召开一次代表大会。至2005年已拥有来自五大洲的106个国家会员协会。

1994年10月22日在摩纳哥举行的第28届国际单项体育联合会上，国际武术联合会被接纳为该组织的正式会员。1999年6月20日在韩国汉城召开的国际奥委会109次全会上通过决议，承认国际武术联合会为“被承认的联合会”。这表明，武术已迈入国际奥林匹克运动的大家庭。

国际武术联合会每4年举办一次世界武术锦标赛。迄今为止，共举行了八届世界武术锦标赛。

八、群众武术活动的蓬勃发展

20世纪是武术发展较好的一个世纪，随着我国政治经济水平的提高，群众武术也轰轰烈烈地开展起来。

1．武术馆校蓬勃发展

社会武术是武术事业的一部分，历来就受到党和国家的重视。新中国成立初期，在党和政府的倡导下，社会武术活动首先在工人、农民和学生中得到很快恢复和发展。后来，经过不断努力，逐步在全国范围内展开。许多农村、厂矿、企业、学校、机关都组织了不同形式的业余武术锻炼小组、辅导站等，掀起了群众性武术活动热潮。

新中国成立后，武术的发展尽管经历了一些波折起伏，总的来讲，还是抓住了发展的机会。1978年，党的十一届三中全会确立的以经济建设为中心，坚持改革开放的方针，促进了武术事业的蓬勃发展，给社会武术带来了生机。特别是1982 年召开的全国武术工作会议上所提出的大力开展各种形式的群众武术活动，允许民间开办武术馆校授拳传艺等政策，给群众性武术活动指明了方向，充分调动了与会武术工作者的积极性，群众性武术活动得到了空前的发展，在全国范围内掀起了群众习武的高潮，武术受到越来越多的人的喜爱。各种形式的武术馆、校、站、社等，应运而生，形成了一个宣传武术，传播、推广武术，组织群众开展武术活动的宽阔而坚实的基地。武术的学术研讨会、座谈会等频频举行，蔚然成风。这是武术发展史上从来未有过的局面。据不完全统计，随着群众性武术活动的深入开展，各地建立的各种形式的武术馆、校、站、社就有一万多个，入校习武的青少年、儿童有几百万人。各种形式的辅导站、教拳点数以万计。全国参加武术活动的群众(包括以武术作为健身锻炼的人)约6千万人。

1989 年，国家体委武术研究院在湖南株洲召开了全国部分省、市武术工作座淡会，就如何进一步做好武术工作、建设武术基地、办好武术馆校、评选“武术之乡”等问题进行了讨论，把民间武术馆、校的管理和建设提到了议事日程，保证了社会武术的健康发展。经过40多年的发展历程，社会武术取得了丰硕的成果，有力地促进了整个武术事业的发屉。

2. 全国“武术之乡”创建活动广泛广展

“武术之乡”，是社会武术活动蓬勃发展的新形势下应运而生的产物，是社会武术发展良好的表现形式之一，它进一步推动了群众武术的发展。

近年来，全国武术运动蓬勃发展，并取得骄人的成绩。国家体委为了表彰那些武术活动开展得好的地区，树立典范，总结和推广他们的经验，以推动全国城乡武术运动的深入发展，决定在全国范围开展评选“武术之乡”的活动。

1991 年，国家体委下发了《关于开展全国“武术之乡”评选活动的通知》。《通知》规定：全国“武术之乡”评选活动以县、市、区(相当县级)为单位参加评选；全国首次评选活动定于1992年内进行；以后评选“武术之乡”列为一项经常性的活动，每三年评选一次。《通知》下发后，在全国范围内引起了强烈的反响，受到了各级体委和政府部门的高度重视，在全国掀起了争创“武术之乡”的高潮。到1992年6 月30日，《通知》下发仅7个月的时间，全国就有18个省、自治区、直辖市的36个单位申请参加“武术之乡”的评选活动。通过初评和考核验收，经国家体委批准，共有35个单位被评为首批“全国武术之乡”。

为了进一步开展“武术之乡”的评选活动，充分发挥“武术之乡”的先进带头作用，推动武术事业的发展，1993年国家体委下发了《关于进一步开展“全国武术之乡”评选活动的几点意见的通知》，这个《通知》要求：(一)建立抽查和普查制度。对“全国武术之乡”每年抽查一次，抽查数约占“全国武术之乡”的五分之一。三年普查一次，与三年评选一次“武术之乡”同步进行。(二)建立“全国武术之乡”的比赛制度。首次比赛于1993年在河南省温县陈家沟举办，以后每两年举行一次。

九、竞技武术的发展与主要赛事

武术进入现代竞技体育行列，是新中国成立后我国体育领导机关为倡导民族传统体育所作的新贡献。由于社会和自身工作经验等原因，武术竞赛形式单一，规则不够完善，制度也不够健全。“文革”后，竞赛不仅要恢复，而且亟待改进与完善。在20世纪80年代，先后完成了修订与稳定竞赛规则；制定并施行了分级的团体与个人锦标赛和多层次的群众性观摩交流大会体制；颁布与施行了裁判员、运动员、教练员等级制度。经过试验，散手运动搬上了现代竞技场，使武术在竞赛形式上更加完整。

在完善制度的同时，武术技术也进一步规范化。已制定出了太极拳、长拳、南拳和刀、枪、剑、棍等统一竞赛套路和动作规格要求，并且在继承传统武术形式基础上，打破门户、流派界限，鼓励技术动作的创新，使技术动作达到了一个崭新的高度。

1. 世界武术锦标赛

1991年10月，由国际武术联合会组织在中国北京举行了第一届世界武术锦标赛，有40个国家和地区的近500名运动员参加了比赛。此后每两年举行一次。

第二届世界武术锦标赛于1993年11月在马来西亚吉隆坡举行，来自五大洲52个国家的400多名运动员竞技于赛场。这次比赛设有14个项目，562人次的套路比赛和8个级别、167 人的散手角逐。

第三届世界武术锦标赛于1995年8月在美国巴尔的摩市举行。此次比赛，有56个国家和地区的288名运动员参加长拳、太极拳、南拳、刀术、剑术、枪术、棍术7个套路项目的比赛，男、女共设14块金牌；男子散手有10个级别比赛，共设10块金牌。

第四届世界武术锦标赛于1997年11月2日至7日在意大利罗马举行。

第五届世界武术锦标赛于1999年11月3日至7日在香港九龙香港体育馆举行。共有55个国家和地区的362名运动员参加比赛。

第六届世界武术锦标赛于2001年11月1日至3日在亚美尼亚埃首都里温举行。30个国家和地区组队参赛。

第七届世界武术锦标赛于2003年11月3日至7日在澳门理工学院体育馆举行。58个国家和地区的代表队参赛，赛会设男女刀、剑、枪、棍、太极和对练共22个套路项目以及散打18个级别，其中包括首次列入的女子散打。本届比赛设单项金牌奖金27万澳门元。

第八届武术世界锦标赛2005年12月9日在越南首都河内的群马体育馆开幕，来自世界61个国家和地区的1000多名运动员在22个套路项目和男女子18个级别散打项目的比赛中角逐。本届武术世界锦标赛的参赛队伍数目比上届增加了3支，因此本届比赛成为历史上规模最大的一届比赛。

2. 亚洲武术锦标赛

第一届亚洲武术锦标赛于1987年9月在日本横滨举行。来自亚洲10个国家和地区的代表队参加了比赛，设14个单项。

第二届亚洲武术锦标赛于1989年12月在香港举行。参赛的国家和地区有14个，共104人。项目设置：个人全能、拳术类(包括长拳、南拳、太极拳)、器械类(包括刀术、枪术、剑术、棍术)。

第三届亚洲武术锦标赛于1992年6月，在韩国汉城举行。

第四届亚洲武术锦标赛于1996年11月在菲律宾首都马尼拉举行，19个会员国家的186名运动员参加了比赛。

第五届亚洲武术锦标赛于2000年11月1日至4日在越南河内举行。报名参加本届比赛的共有22个国家和地区的400多名运动员，共设套路和散打两个大项，其中套路项目包括长拳、刀术、剑术、棍术、枪术、南拳、南刀、南棍、太极拳、太极剑等男女各10个小项。此外，本届赛事还增设了长拳三项全能、南拳三项全能和太极拳两项全能等男女各3个全能项目。为提倡太极拳的健身作用，本届赛事特别增加了50岁以上男、女太极拳24式比赛。散打比赛只设男子项目，共10个级别。中国武术代表团共有15名运动员参加本届亚锦赛。

第六届亚洲武术锦标赛于2004年11月25日至29日在缅甸仰光举行。此次比赛分套路和散打两部分，共设46个单项，由于男子散打90公斤以上级报名人数不足被取消。套路主要有男女各12个单项、男女各3个全能、男女对练和男女二十四式太极拳；散打包括7个男子级别和5个女子级别。与上届相比，增设了7个小项，包括男子对练、女子对练和女子5个级别的散打。来自25个国家及地区的530多名选手参加比赛，是历史上规模最大的一次亚锦赛。

3. 亚运会武术比赛

1988年，在汉城举行的亚奥理事会全体会议上正式通过武术为亚运会的比赛项目。由此，1990年北京第十一届亚运会和1994年日本广岛第十二届亚运会都把武术作为比赛项目。

在第十一届、十二届亚运会武术比赛中，共设6个项目：男子、女子三项全能(包括长拳，长、短器械)；男子、女子太极拳、南拳，共6块金牌。第十一届北京亚运会武术比赛仅设套路6项，我国选手包揽了全部冠军。第十二届亚运会武术比赛中国队得5金。

1998年泰国曼谷第十三届亚运会武术比赛，十七支队伍参赛。增设了散打 5 个级别，金牌也增加到11枚。由于中国武术水平太高，为促进武术推广，中国在套路上只报了四项五人，且不能兼项。

2002年在韩国釜山第十四届亚运会武术比赛中，共有来自亚洲23支队伍的147名运动员参赛，共设11枚金牌，其中套路6枚，散手5枚。中国队获得5枚，泰国队获得两枚，缅甸、韩国、马来西亚、伊朗队各获得一枚。

4. 全国性武术比赛

全运会的武术比赛是最重大的全国性武术赛事。

1959年9月在北京举行了第一届全国运动会，设有武术比赛项目和表演项目，25个省市的172名运动员参加了比赛和表演。

1965年9月在北京举行第二届全国运动会，武术被列为表演项目，来自全国各地的17支代表队的78名运动员进行了260多项表演。

1974年9月在北京举行第三届全国运动会，武术比赛有20个省市共380名运动员参加。

1979年9月在北京举行第四届全国运动会武术比赛在石家庄市举行，共有28个省、市的336名运动员参加。国家体委调试点单位武术散手代表队与河北选拔的武术散手队进行了公开的表演。

1983年9月在上海举行了第五届全国运动会，有29支代表队189名运动员参加了武术表演。

1987年11月在广东东莞举行的第六届全国运动会上，武术被列为全运会正式比赛项目，设金牌16块。

1993年9月在成都举行的第七届全国运动会上，武术比赛项目有套路和散手，共设金牌7块。

1997年10月在上海举办的第八届全运会所设28个比赛项目中，武术是惟一的非奥运项目，套路和散手共设金牌15项。

2001年8月在广州举办的第九届全国运动会，武术比赛设男女长拳、器械、南拳、太极、对练十二项，散打设六个级别，金牌数增加至18枚。

2005年江苏申办第十届全国运动会，武术比赛中增加了女子散打，金牌数增至19枚。

此外，从1953年开始，几乎每年都要举行包括表演赛、邀请赛、对抗赛、争霸赛等在内的各类全国武术比赛。并且从1989 年起，散手列入全国武术正式比赛项目，多次举行国际武术散手擂台邀请赛。

第九章　主要拳种与器械发展史举要

经过漫长的演进过程，武术的拳种和器械愈来愈丰富多彩；同时，一些以刀、枪、棍为代表的兵器和以太极拳、形意拳、八卦掌、南拳等为代表的拳种逐渐固定下来，成为中国传统武术中的主要内容，并构成了今天武术运动的主要形式。

一、古代兵器与武术器械

中国古代兵器的发展当以火药使用为界，分为前后两个阶段，即冷兵器时代和火器与冷兵器并用时代。如果从兵器的材质上分类，中国古代冷兵器又经历了石（骨、木）、青铜、钢铁三个阶段。

青铜兵器的使用大约在夏、商、周、春秋战国时期，延续时间约2000年。

铁兵器时代从秦汉三国直至北宋。北宋初年，是火器和冷兵器并用时期。这一时期经南宋、元、明、清，延续了约9个世纪。

中国古代兵器一直是作为武术器械被加以训练使用，冷兵器逐渐被现代兵器替代之后，几乎完全被军事战争所弃，经过武术界的改进与演变，成为现代的武术器械。武术器械另一个重要来源是生产劳动工具，甚至是生活用具，如叉、钯、判官笔、铁算盘等。

古代兵器集锦与分类如下：

（1）长兵：枪、棍、大刀、镗、铲、抓、叉等(图9-1)。

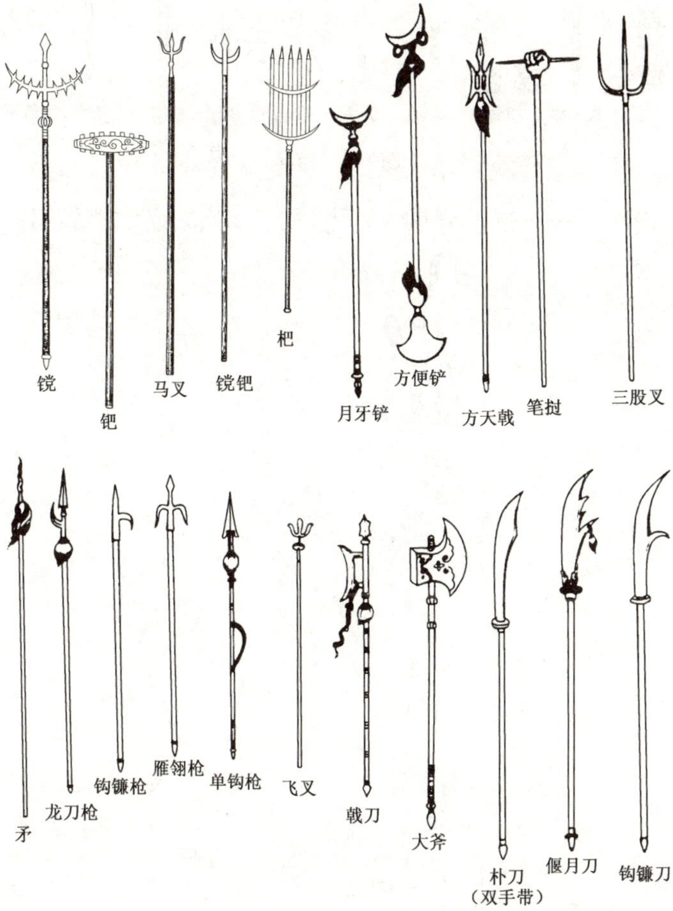

图9-1　长兵

（2）短兵：刀、剑、斧、锤、匕首、锏、钩等(图9-2)。

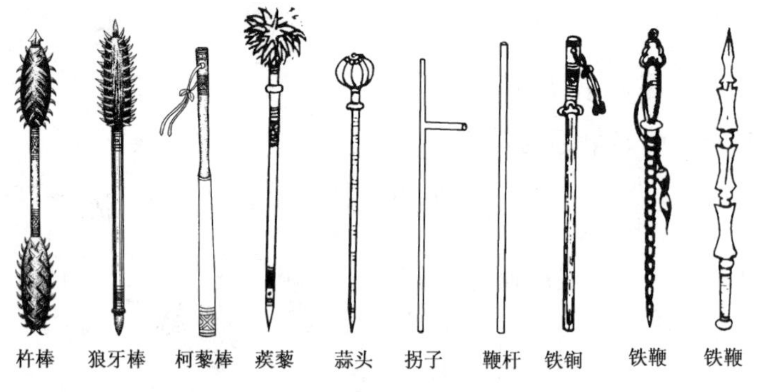

图9-2　短兵

（3）软兵：鞭、流星锤、飞镖、三节棍、飞挝等(图9-3)。

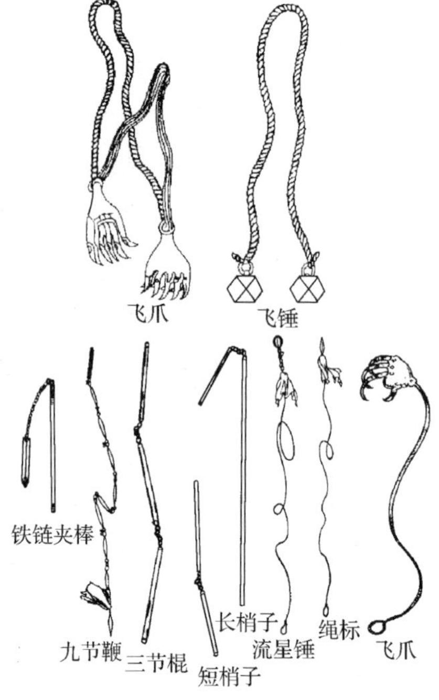

图9-3　软兵

（4）暗器：飞蝗石、铁鸳鸯、如意珠、袖箭等(图9–4)

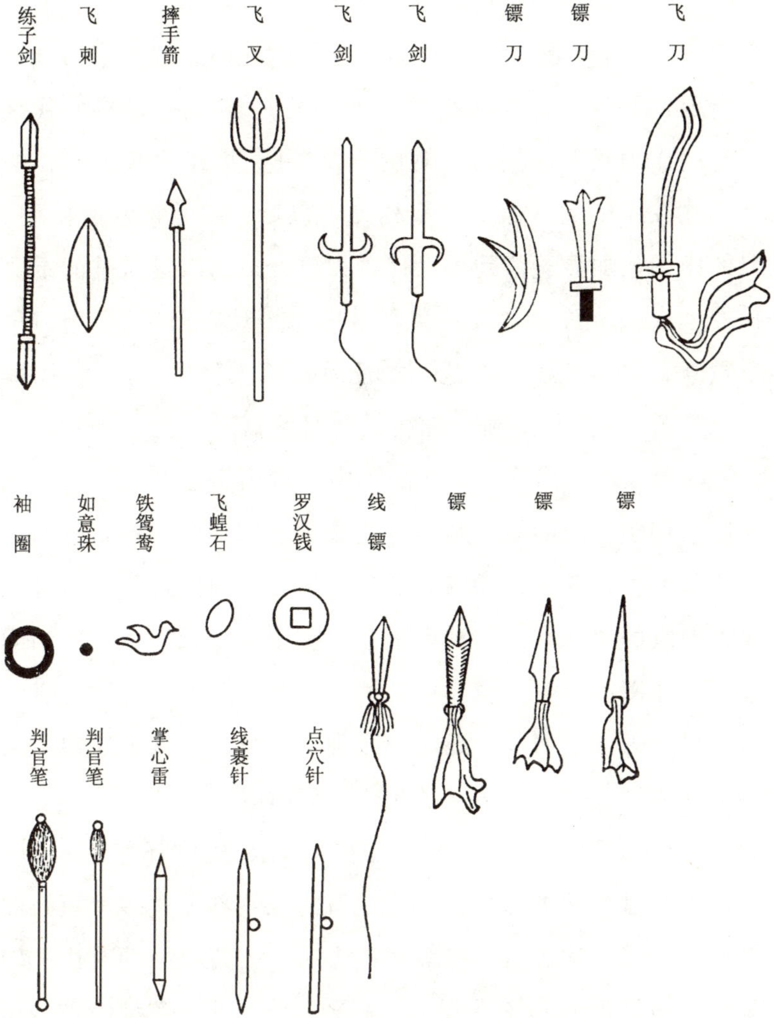

练子剑 飞刺 摔手箭 飞叉 飞剑 飞剑 镖刀 镖刀 飞刀

袖圈 如意珠 铁鸳鸯 飞蝗石 罗汉钱 线镖 镖 镖 镖

判官笔 判官笔 掌心雷 线裹针 点穴针

图9–4　暗器

二、现代武术的主要器械及其演变

刀，武术中最常用的器械，是古代兵器的一种。有人列为十八般兵器之首。据出土石器推测，在旧石器晚期已有石刀出现，以后人类又制造了骨刀、角刀、陶刀。殷商时代已有专门作为兵器的铜刀，短的不及6寸，可佩系身上，长的可绑扎在木柄上，作为大型战刀。以后，随着铁器的使用，刀的作用愈加显著。到了汉代，刀已经成为战场拼杀的重要兵器，士兵临阵，"其长兵则弓矢，短兵则刀铤"。用刀可攻可守，灵活锐利，在战斗中能发挥巨大作用。即在平时，刀也是帝王将卒经常随身佩带的防身武器之一。

随着火器的出现，刀在战争中的威力也逐渐减弱。因此宋以后用于实战的刀，开始日趋减少。明清时期腰刀已不作为有效的进攻武器，除骑兵部分使用外，刀还被用作防身和权力等级的象征。刀的种类很多。据宋代《武经总要》和明代《三才图绘》等记载，仅长柄刀就有屈刀、掩月刀、眉尖刀、凤嘴刀、笔刀、二郎刀等多种，其形状皆与近代武术练习中的大刀、砍刀、马刀、九环刀等相似。

尽管武术刀种类很多，但在结构上大体都包括：刃、背、尖、盘、柄五部分。刀刃是刀的锋利部分，多呈短凸的弧形，有劈、砍、斩、抹等多种击法。刀背是刃的对边，较宽厚，多呈弧形或波浪形，可做挑、挡、挂等各种防护、反攻的动作。刀尖是刀的前尖，大多用于扎、刺、撩等刀法。刀盘即握手前面圆盘，起护手作用，也叫护手盘。刀柄是手握部分，长短不一。

武术中的刀术练习可分为单刀、双刀、长柄大刀三类。单刀、双刀柄的后面常系彩绸，称为刀彩。舞动时，可以生风添色。两手使用的长柄刀，属于长器械。练习时，双手持握。除上述常见者外，还有一些多尖、多刃特殊形状的刀，如戟刀、三尖两刃刀、麟角双刀等。

刀术的特点是勇猛快速、气势逼人、刚劲有力。经常习练，能促进身体各部肌肉的均衡发展，迅速提高各种身体素质和内脏器官机能。

枪，古代兵器的一种，武术长器械之一，是一种在长柄上装有锐利尖头的兵器。枪的别名叫“肩二”，《清异录》：“蜀王建军中隐语，枪曰‘肩二’。”枪亦称为“一丈威”，《事物异志》：“隋炀帝易枪名为一丈威。”枪的历史可以追溯到原始社会。枪是由矛演变而来的。秦汉时矛型已近长枪。晋代有铁枪出现。隋代枪已有一套较为完整的练习方法。五代时期，枪术更有发展。后梁王彦章“为人骁勇有力……持一铁枪，骑而驰突，奋疾如飞，而他人莫能御也。军中号王铁枪”。宋代的兵制一般沿袭隋唐，枪的练用已很广泛。据《宋史·李全传》记载：农民起义军领袖李全“以弓马矫捷，能运铁枪，时号李铁枪，天下无敌手”。明代更十分重视枪术，抗倭名将唐顺之枪术极精，并有《六合枪谱》传世。戚继光对枪术也极为推崇，曾向唐氏请教，并称赞杨氏梨花枪“神化无穷”。他制造的“鸳鸯阵”，全阵12人中就有4人是执枪兵，叫做杀手。明代武术家吴殳撰写的《手臂录》是集枪法大成之作，书中推崇峨嵋枪法，并分析杨家、沙家、马家、少林、程家枪法的异同，精微独到。近世武术以刀、枪、剑、棍为四大器械，称枪为“百兵之王”。

枪的种类很多。宋《武经总要》中绘有宋代长杆铁枪多种，枪头各不相同，有的头带钩刺，有的头似笔锋，有的头似机梭，有的头似灯笼。明《武备志》中也绘有明代的长柄铁枪图，其中有四角枪、箭形枪、曲刃枪、钩镰枪、标枪、大枪、长枪、双头枪等，清代有蛇枪，火焰枪，钩镰枪，虎牙枪，雁翎枪，十字镰枪等。枪以宋、明两代最为盛行，创造了样式繁多、用途各异的枪，广泛运用于步兵和骑兵。

枪由枪尖、枪缨、枪杆组成。枪尖一般有三种：一种长六寸，重三两五钱左右；一种长七寸，重四两；还有一种长三寸三分，重一两二三钱。前两种枪尖锐利，宜于破坚；后一种枪尖小巧，使用轻便灵活。枪缨多为犀牛尾、马尾或纱、丝制成，其作用是抖洒开来，以迷乱对方，兼用其挡血。枪杆多用白蜡杆，也有用铁质的。枪杆不论何物制作，枪尖与枪杆的重量比例必须合理：杆长则尖轻，杆短则尖重。

枪法以拦、拿、扎为主要方法。扎枪，要平正、迅速，直出直入，力达枪尖，做到“枪扎一线”。“出枪似潜龙出水，入(缩、收)枪如猛虎入洞”，此乃枪术中攻守之法。扎枪又有上平、中平、下平之分，以中平为要法。故有“中平枪，枪中王，当中一点最难挡”之说法。但没有经过单扎、对扎的实战训练，技术再好也只能具有健身与表演的效果，临阵实用价值不大。拦、拿枪法，是挡拨防御之法，动作之圈不宜大，以防对方兵器乘虚而入。此外崩、点、穿、劈、圈、挑、拨等均为枪术常法。要求灵活多变，活动范围大。步法要轻灵、快速、稳健，故有“开步如风，偷步如钉”之说。腰腿、臂腕之力与枪要合为一体，并要劲透枪尖。

枪除传统枪术套路外，根据竞赛需要亦有自选枪、规定枪套路。对练套路有单刀、双刀、大戟进枪，剑进枪，梢子棍进枪，月牙铲进枪，双刺进枪，对扎枪及空手夺枪等。枪术运动对增强体质、提高人体各部机能具有重要作用。

剑，古代兵器的一种，武术短器械之一。素有“百兵之君”之称。春秋战国时，已有质量很好的铜锡合金剑，斗剑、佩剑之风也较盛行。剑术理论在这一时期也相应得到发展。据《吴越春秋》记载：民间武术家越女曾向越王勾践谈论“剑之道”。战国后期，铁剑普遍出现。汉时，“汉制，自天子至百官，无不佩剑”（《晋书》），并有一套严格的佩剑制度。击剑更是朝野风行，不少人以剑术立名天下。汉高祖刘邦自夸：“我提三尺剑取天下。”隋唐时，剑型十分精致华丽，贵族、文士多随身佩剑，对后世影响很大，故唐剑有“鼻剑”之称。宋代以后，击剑之风逐渐为剑舞取代。

剑在古代多用于劈刺格斗，所以又称直兵。一般为直身尖锋双刃。由首（多为圆形）、柄、格、身构成，多数配剑鞘。剑和刀一样都是最为普遍使用的一种冷兵器，所以出土量大，种类繁多，包括长剑、短剑、巨剑、佩剑、曲剑、怀剑、三棱剑等。古代制剑的材料多为青铜、钢铁，也有做工考究的镶嵌剑、鎏金剑及玉具剑。剑的构造，一般分为剑身、剑柄两部分，剑身由剑刃、剑尖、剑脊组成。剑柄包括格(护手)、握柄、剑镡(剑墩)。此外，尚有剑鞘、剑穗(剑袍)等附属构件。剑的长度古今差异很大。现出土文物中，短剑约50厘米，类似匕首，可近身搏斗，亦可掷投遥击。长剑达140多厘米，可用双手握柄。新中国成立后，武术竞赛规则规定，剑的长度以运动员反手直臂持剑、剑尖达于耳垂为准。

剑术的特点是轻快、敏捷、潇洒、飘逸、灵活多变。

剑有单剑、双剑之分。剑术有单练、双练、集体练三种形式。各种剑术都要求剑法清楚，静如处女，动似飞凤。由于剑是双刃兵器，故不能出现缠头裹脑、绕背缠背等动作。不持剑的手，应将食指、中指并拢伸直，其余三指屈握，拇指按于无名指甲上，称为剑指，并与剑法、身法密切配合。

各地流传的剑术套路繁多，难于确切统计。常见的有青萍剑、昆吾剑、武当剑、三才剑、三合剑、八卦剑、太极剑、达摩剑、螳螂剑、通背剑、醉剑、八仙剑、龙形剑、奇门十三剑、白虹剑、纯阳剑、袍剑、七星剑等。剑术是武术竞赛的重要内容之一，开展普及。鉴于其风格特点等原因，广大妇女和青少年尤为喜欢。剑术运动对身体具有良好的影响。经常从事剑术练习，不仅可陶冶性情，增强体质，亦可丰富文体活动，掌握一定的技击方法。

棍，武术长器械的一种。近百年来，各武术派别创造的不同类型、不同风格的棍术套路很多，数目难以确切统计。王圻《续文献通考》卷166《总论军器》称明代“使棍之家，三十有一”，各家棍法都有自己的体系和独特风格。各派虽有异同，但练用起来都离不开劈、崩、缠、绕、点、拨、拦、封，撩、扫等棍法。其形式有单人练、对练、集体练等。“练棍要手臂圆熟，身棍合一，力透棍尖，风声呼呼”；舞棍要勇猛、快速、有力。双手执棍开合、旋转要圆熟自如。拳谚说：“枪扎一条线，棍打一大片。”棍谱说“棍起空灵多变化”，更有精微巧妙法。

棍在不同地区有不同叫法，如“棒”“杆”“条子”等。

近代棍法，以健身为主，流传遍及城乡，在技击、体育、表演艺术性等各方面皆有独到之处。

三、太极拳的流变

太极拳是中国主要拳种之一。

关于太极拳的起源与创始人，众说纷纭，大致有唐许宣平、宋张三峰、明张三丰、清王宗岳、清陈王廷等不同说法。当今史料较为详尽的是唐豪先生在史料和实地调查的基础上撰写的《少林武当考》中指出：太极拳创始于明末清初，由河南陈家沟的陈王廷首先创造了陈氏太极拳，迄今已有三百多年的历史。

太极拳综合性地继承和发展了明代在民间和军队中流行的各家拳法，结合了古代的导引术和吐纳术，吸取了古典唯物哲学、阴阳学说和中医基本理论的经络学说，成为一种内外俱练的拳术。

陈王廷（1600~1680），字奏庭。祖、父均为明朝下级官吏。陈王廷的武术，在《陈氏家潜》中仅记载，“在山东称名手，…陈氏拳手刀枪创始之人也。”

甲申年(1644)明王朝灭亡的前后，陈王廷已年老隐居，造拳自娱，教授弟子儿孙。他的遗词上半首有：“叹当年，披坚执锐，……几次颠险蒙恩赐，枉徒然！到而今，年老残喘，月落得，《黄庭》一卷随身伴。闷来时造拳，忙来时耕田，趁余闲，教下些弟子儿孙，成龙成虎任方便。……”

据《陈氏拳械谱》，陈王廷所造拳套，有太极拳(一名十三势)五路、长拳一百八势一路(势名没有重复)、炮捶一路。

从陈王廷所造拳套看，陈王廷受戚继光影响很大，单是从戚继光《拳经》三十二势中，就被吸取了二十九势之多，因此有人说太极拳的编造，是以《拳经》三十二势为基础的。

随着火器广泛地运用于军事战争，拳技之勇在战场上的作用逐渐缩小，太极拳开始出现从技击转向保健的体育启蒙思想。太极拳家首先提出了“详推用意终何在？益寿延年不老春”的口号。

同时，由于武术家到达老年期后对大运动量、难度较高的套路的不适应，必然引起太极拳动作发生变化。

太极拳的演变及流派形成：

1. 陈氏太极拳

陈王廷创造的七套拳套，至陈长兴(1771~1853)、陈有本(1780~1858)这一代，专精于太极拳第一路和炮捶(现称陈式太极拳第二路)，陈氏太极拳第一路又有老架、新架之分。

2. 赵堡架

陈有本首先创造了新架，他的学生、族侄陈青萍，也创造了一套架式，因为陈青萍赘婿于距陈家沟不远的赵堡镇，在赵堡镇教拳，因此人们称作赵堡架。

3. 杨式太极拳

陈长兴（架式宽大的老架系统）→杨禄禅(改编了拳套动作)→杨健侯（修改为中架子）→杨澄甫（修订定型为大架子)，成为著名的目前流行最广的杨式太极拳。

4. 吴式太极拳

杨禄禅(1799~1872)和次子班侯→满族人全佑（小架子）→吴鉴泉，即目前流行的吴式太极拳。

5. 武式太极拳

永年人武禹襄(1812~1880)，从杨禄禅学陈氏老架，又从陈青萍学习新创套路，从而创造了武式。武氏架式紧凑，强调开合虚实。

6. 孙式太极拳

武禹襄→李亦畲(1832~1898)→郝为真(1849~1920)→孙禄堂(1861~1938)，孙为形意拳、八卦拳名家，参合三派之长，另创造了架高步活的太极拳，姿势参取杨式，理论兼采形意，现称孙式太极拳

陈氏新架，赵堡架、杨架、武架、吴架和孙架等，都是根据陈氏老架太极拳第一路改编而成的，所以架式虽有不同，可是套路的结构程序，仍然按照第一路老架，它的演变痕迹是很显著的。

太极拳把技击与导引吐纳之术紧密结合起来，以意识为指导，以经络为基础，以螺旋缠绕为基本运动形式，以意行气，劲由内换。太极拳的出现，使中国武术进入了更高的文化境界，这是中国武术史上一次革命。太极拳集中体现了中国人的处世之道和对人生、对宇宙的理解，是中国传统文化的一种特殊表现形态。

新中国成立后，党和政府重视民族武术遗产的研究、整理和推广，把太极拳作为重点武术项目来推行。1956年8月1日，国家体委根据杨式拳架编成并出版二十四式简化太极拳，1962 年出版《太极拳运动》，包括：八十八式太极拳、三十二式太极拳剑、太极推手。1979年11月出版了新创编的《四十八式太极拳》，此后杨式、陈式、吴式、孙式、武式太极拳竞赛套路纷纷出台。太极推手作为太极拳中的对抗项目，历来深受太极拳家的重视。1989年开始把太极拳推手竞赛列为全国性常规比赛。

四、形意拳的流变

形意拳是中国主要拳种之一，也叫“心意拳”、“心意六合拳”、“六合拳”。

形意拳是由心意拳(亦称心意六合拳)发展演变而成的一个拳种。

几百年来，有关心意拳之历史源流、师承关系、拳名演变以及拳理、拳法等方面的问题，众说纷纭，关于心意拳的创立的有三种说法：

一曰“心意拳为印度高僧达摩所创”。

民国十九年(1930)，徐哲东著《国技论略》，唐豪著《少林武当考》，均指出达摩与武术无关，达摩创拳为“伪作”，张三丰传习形意更属虚构。究其原因，不过是托神名以示拳贵，使之易于传播而已。

二曰“心意拳为岳飞所创”。

此说最早见于文字的是曹继武的“十法摘要”。也就是说，在岳飞已经去世将近六百年之后，才有了其创拳之说。从已有资料来看岳飞创立心意拳之说应为虚传，主要是为了托英名以示拳贵。

三曰“心意拳为姬际可始创”。

此说自民国以后，经过多方调查核实、辨析考证，尤其是近数十年来的研究，已渐为广大的形意拳同仁所认定。

姬际可，字龙峰，原山西蒲州诸冯里宗村人（今山西永济张营乡尊村）。据史载，际可少时从塾学文习武，聪明过人，曾在河南少林寺居住十年之久交流技艺，后离寺归里创心意六合拳，教授子孙，他的后人称际可拳。

姬际可创立的心意拳是汲取了中国历代武术大家的拳理、拳法精华(包括少林拳理、拳法)使之融为一体，而又别于少林拳的一种具有独特风格的拳术。

心意拳的传承发展是从姬际可到曹继武(生于康熙四年1665)→戴龙邦→戴文雄→李洛能(老农)，李老农继承发展了戴氏心意拳术，并有重大的改革和创新。

形意拳名之确立源自李老农。咸丰六年(1856)，李老农正式收车二为徒。李老农自起名飞羽，字能然；为车二起名永宏，字毅斋。他和他的许多著名弟子如车毅斋、贺运亨、李广亨、宋世荣、刘奇兰、郭云深、李太和、刘元亨、张树德、刘晓兰、李占元等等，都为中国形意拳的传播和发展作出了卓越的贡献。

李飞羽首先提出了以“形”代“心”取名“形意拳”的主张。认为这样更符合心意拳的拳理、拳法。此后，始有形意拳之名闻于世。

同治五年(1866)，李飞羽同弟子车毅斋创编了第一个形意拳对练套路，初名“五行生克拳”，后改称“五行炮”。

形意拳以五行拳(劈、崩、钻、炮、横)和十二形拳(龙、虎、猴、马、鸡、鹞、燕、蛇、鼍、骀、鹰、熊)为基本拳法。其桩法以三体式为基础。

形意拳要求“六合”，即心与意合，意与气合，气与力合，肩与胯合，肘与膝合，手与足合。动作强调上法上身，手脚齐到，一发即至，一寸为先。而且在长期实践中，形意拳拳法理论和技击招法不断充实和发展，渐渐形成了不同的风格和流派，基本以河北、山西与河南等地域的不同为代表：山西形意拳拳势紧凑、美观，劲力轻灵、精巧；河北形意拳拳势舒展、庄严、气势豪快、稳健；山西、河北的形意拳基本拳法都以三体势、五行拳、十二开为主，单练套路有五行连环、鸡形四把、八势拳、闸势捶、十二洪捶等；河南形意拳拳势慓悍、勇猛，气势雄浑、勇敢，以“心意”“六合”为主，基本拳法为十大形（龙、虎、猴、马、鸡、鹞、燕、蛇、鹰、熊），单练套路有四拳八势（头拳、挑领、鹰捉、粘手）、龙虎斗、横开三皇锁、上中下四把等。

形意拳虽属于内家拳种，但素以慓悍、勇猛、雄劲、快速著称，动作雄浑质朴，整齐划一，简练实用，讲究短打近用，快攻直取，与太极拳的风格迥然不同。在技击原则上，形意拳主张先发制人，主动进攻。强调以我为主，中门直进，进敌发力，力透敌身。这种硬打硬进的技击风格在内家拳中绝无仅有。然而他毕竟是内家拳，他的练功理论仍然源于道家，与太极、八卦、武当诸拳种同出一源，而有异曲同工，殊途同归之妙。

形意拳在现代武术竞赛中，属传统拳术一类。1998年，由“中国武术系列规定套路编写组”编写，国家体委武术研究院、国家体委武术运动管理中心审定出版《中国形意拳系列规定套路》，内容包括：形意拳初级、中级、高级竞赛套路，形意刀、枪、剑、棍竞赛规定套路。

五、八卦掌的流变

八封掌是中国主要拳种之一，又称游身八卦掌、八卦连环掌。

八卦掌是以掌法变换和行步走换为主的拳术。由于它运动时纵横交错，分为“四正”、“四隅”八个方面，与“周易”八卦图中的卦象相似，故名“八卦掌”。

关于八卦掌起源传说不一。有人说为河北省文安县董海川所传，有人说为四川峨嵋山一带的碧云、静云道人所传，也有人说八卦掌的前身是江南一带曾经流传的“阴阳八卦掌”等。但是大多数资料支持八卦掌为河北省文安县人董海川所创的观点。

董海川生于清嘉庆十八年（1812），逝于光绪九年（1882）。清光绪九年春二月诸弟子于东直门外小牛坊村的坟前立碑纪念，先后建有碑文四座。因文革中遭受破坏，经李子鸣先生等人倡议，八卦掌掌门人共同努力于1980年迁至北京万安公墓，并立碑为记。

据考证，八卦掌由董海川在北京首传的年代大约在同治五年（1866)至光绪二十年（1894)前后。董海川的八卦掌，以走圆圈为基本形式，技法突出，又宜于健身，给人以耳目一新的感觉，顺应了当时武术的发展，因此，八卦掌很快传播开来，其较有影响的分支为尹氏八卦掌和程式八卦掌。

尹氏八卦掌是以尹福为代表，尹福从师于董海川，其特点为：以“中舌掌”为基本掌形，以“鹤形步”为基本步法，其步法蹿、蹦、跳跃似仙鹤飞腾，演练时除保持“中舌掌”为基本掌形外，还兼有动作刚猛为特点和尚直劲的特征，所以世人称为尹氏八卦掌

程式八卦掌的代表人物为程廷华，他二十八岁时拜董海川为师学习八卦掌，经过数十年的刻苦训练和日夜钻研，吸收了八卦掌、形意、太极精华，创立了以“龙爪掌”为基本掌形、以“鸡形步”为基本步型的程式八卦掌，此派动作圆活，多摔法，尚横劲。

八卦掌的基本掌型掌法有仰掌、俯掌、竖掌、抱掌、劈掌、撩掌、挑掌、螺旋掌；基本步法包括起、落、扣、摆；八卦掌的基本内容是八母掌，也称老八掌。它们分别是：单换掌、双换掌、双撞掌、穿掌、挑掌、翻身掌、摇身掌、转身掌等八掌。

八卦掌的运动特点是：身捷步灵，随走随变。其基本功以行步为基础，身体要求顶头竖项、立腰溜臀、松肩垂肘、实腹畅胸、吸胯提裆。步法要求起落平稳、摆扣清楚、虚实分明。走圈时，内脚直进，外脚内扣，两膝相抱，不可敞裆。身法讲究拧、旋、转、翻，圆活不滞。手型有龙爪

掌、牛舌掌等。主要手法有推、托、带、领、搬、拦、截、扣、捉、拿、勾、打、封、闭、闪、展十六法。要求能进能退、能化能生、虚实结合、变化无穷。每掌发出，皆要以腰做轴、周身一体、内外相合，外练手眼身法步，内修心神意气力。

八卦掌有单练、对练和散打形式。八卦系统所用器械有刀、枪、剑、戟等，练法仍体现随走随变、械随身走、身随步换、势势相连的特点。另外，还有鸳鸯钺、鸡爪锐、风火轮、判官笔等短小的双器械。

八卦掌有利于训练人的柔韧、速度、耐力，对下肢力量的培养尤为突出。新中国成立后，八卦掌被列为全国武术表演、比赛项目。八卦掌在现代武术竞赛中，属传统拳术一类。

六、长拳的流变

"长拳"一词最早记载于明朝戚继光《纪效新书·拳经捷要篇》中的"古今拳家，宋太祖有三十二势长拳"。明代程宗猷所著《耕余剩记·回答篇》中载："……长拳有太祖温家之类，"由此可见，明代当有长拳称谓及太祖长拳和温家长拳等类别。所谓长是相对短而言，长拳则是相对短打而立名，这正如明代唐顺之《武编》所言："逼近用短打，若远开则用长拳。"

现代武术运动中的长拳是沿用了明代长拳的称谓，将查、华、炮、红、少林等具有拳势舒展、快速有力、节奏鲜明等共同特点的拳术统称为长拳。以这些拳种的动作素材和基本技法为基础创编的现代长拳，以及由此衍发的长拳类器械，如刀、枪、剑、棍套路，是中华人民共和国成立后武术教学训练与竞赛之长拳的主要内容，包括基本功和基本动作、规定套路和自选套路。

所谓规定套路是由原国家体委及其组织机构或有关部门统一编制的套路，20世纪50年代有甲、乙组和初级套路，以后又有“少年拳”、“青年长拳”等面世。随着武术运动的发展与推向世界的需要，1989年又为第11届亚运会创编出第一套国际武术竞赛套路，其中包括长拳。近年来又有由国际武术联合会组织编写的最新国际比赛套路。

所谓自选套路是武术竞赛需要的产物。武术竞赛规则对自选套路的动作数量、组别、规格和完成套路的时间都有统一的要求与严格的规定。其中要求自选长拳至少包括拳、掌、勾三种手型，弓、马、仆、虚、歇五种主要步型和一定数量的拳法、掌法、肘法及不同组别的腿法、跳跃、平衡等动作，使长拳套路运动在动作结构、布局、编排和速度、难度、腾空跳跃等方面都有了新的突破与创新。

七、南拳的流变

南拳，是中国武术主要流派之一，泛指流传于我国长江流域及南方各地的诸多拳种。主要流传于中国南方各地。南拳历史悠久，其发源可追溯到400多年前。由于其渊源流长，传播的范围又广，南拳内容丰富,长期以来形成了种类繁多的拳种和门派。

以地域分，大致可分为：广东南拳、广西南拳、福建南拳、浙江南拳、湖南南拳、湖北南拳、江西南拳、四川南拳等拳种，其中两广及福建南拳最具代表性。南拳虽拳种浩繁，风格各具特点，但总的说来，多以短打为主，手法见长，故有“南拳北腿”之称。其运动力求手法多变，少用腿法，进退之间，步步为营，稳扎稳打，极少有高腾跳跃动作。其动作灵活多变，紧凑有序，刚健朴实有力，伴有发声，以气催力。各地南拳亦有对练、散手和相应的器械套路。

据目前史料记载，“南拳”一词作为武术词语使用，最早出现于明代隆庆二年(1568)武将郑若曾所著《江南经略》第八卷“兵器总论”之中，关于拳法论述一节写有“曰赵家拳，曰南拳，曰北拳”。可见南拳这一中国武术主要流派至少出现于四百多年以前。至于南拳系统化、广泛化则大约在明末清初。公元618年，少林寺参与平定王世充之乱受官家高度重视，明代抗倭以拳勇闻名天下，少林拳法在长江流域、南方得到了广泛传播，再加上各地地理环境、气候以及人文条件、个性的不同，少林拳法逐渐在这些地方产生了演变和发展，形成了别具特色的南拳流派。

从《江南经略》关于“南拳”所述我们可看出：南拳至

少在明代中后期就已经粗具雏形了。据目前福建南拳、广东南拳等一些主要南拳门派的拳谱记载及武师们的口头传说，南拳在清初之时得到了空前的发展和传播，并形成了不同流派、不同风格的系统南拳。

新中国成立后，南拳作为中华武术的重要组成部分，随着武术的发展，也得到了长足的发展。1960年国家将南拳列为武术竞赛的主要项目之一。在历年全国性武术表演赛中南拳均占有重要地位。继之，又纳入体育院校武术教材。

近年来，随着武术的推广和发展，南拳不仅在南方，而且在北方也深受广大武术爱好者的喜爱。在国外，尤其在新加坡、马来西亚、菲律宾、印度尼西亚等东南亚国家，以及我国港、澳、台地区，爱好者越来越多，各种南拳组织应运而生。若论在国外传播中国武术的贡献，南拳当首屈一指。

1989年，中国武术协会受亚洲武术联合会的委托，组织部分专家创编了“南拳竞赛套路”，并首次正式采用于第11届亚运会，随后广泛被各类武术比赛列为竞赛项目。

1992年，中国武术协会又组织部分专家创编了具有南拳流派特点的《南拳》、《南刀》竞赛套路，用作第7届全国运动会武术比赛中的南拳全能项目。

1997年，据《中国武术段位制》实施的具体要求，国家体委武术研究院和国家体委武术运动管理中心又审定通过了包括有《南拳》、《南刀》、《南棍》在内的南拳类规定考评技术，南拳成为《中国武术段位制》考评正式项目之一。

八、少林拳的流变

少林拳，中国主要拳种之一。由我国古代僧人根据健身需要，结合技击动作，吸收各派拳术之长发展而成。少林寺地处中原，位于五岳之首的嵩山之上。中原历来为兵家必争之地，因此自古就盛行尚武之风。隋末少林寺僧曾助李世民(唐太宗)作战建功；明代参加抗倭之战，战功显赫；其后各地高手慕名而至，经历代相传逐渐丰富，使少林寺能博采众家之长，发展成为独立的体系。

少林武术的内容包括三个方面：拳术，有单练拳术、徒手对练拳术等技艺；器械，有少林棍、少林枪、少林刀、少林剑、少林暗器、少林短兵、少林拐等；功法，有内功、外功之分，传说有七十二艺，富有代表性的有铁布衫、排打功、铁沙掌、轻功、气功等。其中少林棍术在名家指点和汲取民间精华的基础上，又经过实战的磨练，在明代中晚期有了明显的提高。万历四十四年（1616），程宗猷著《少林棍法阐宗》一书，把少林棍法列为棍家“正传”之一。其后，茅元仪在《武备志》进一步提出“诸艺宗于棍，棍宗于少林”，第一次将少林棍法列为诸家棍法之首。

明末清初，在少林棍术名扬四海之后，少林武僧又致力于拳术的提高。与此同时，不少文人因国家内忧外患，遂自觉习武，以图报国，一时文人习武之风大盛。在武装抗清失败之后，一些志士仁人纷纷循迹山林，剃度为僧。他们既有较高的文化素养，有些人又有深厚的武术功底，他们将民间武术与原有的少林武术交流融汇，使少林武功愈臻精湛。其时，少林武术在本寺武功的基础上，广泛吸收了许多拳派的精华并加以融汇提炼，终于形成了内容博深、技艺精湛的少林拳系，并逐渐南传，对南拳、峨眉拳的形成和发展产生了重要的影响。

少林拳术的要旨是拳神合一。少林寺是佛教禅宗的祖庭。禅宗以明新见性、顿悟成佛为要旨。在佛门眼中，参禅是正道，拳勇一类是末技，僧众们不过是借练功习武达到收心敛性、屏虑入定的目的，同时也可收到健身自卫、护寺护法的效果。

1928年，中央国术馆开设有少林门，其影响波及全国各地。少林拳是中华武术中一大派系，其内容丰富多彩，是十分宝贵的民族传统文化。

九、散打的流变

散打是一项互以对方技击动作为转移的斗智、较技的对抗性竞赛项目，是武术运动的重要组成部分。

散打也称散手，散手一词最早见于《居延汉简》中“相错畜，相散手”一语。陈邦怀《居延汉简偶谈》说：“相错畜，言二人之交错相聚畜，其意即搏也；相散手，言由搏手而散手，或张或弛，乃兵家之技巧也。”诠其大意，散手实即犬牙交错的徒手搏击。散打在历史上还被称为相搏、手搏、卞、弁、相、拍张、手战、白打等。由于散打是以徒手相搏相角的运动形式在台上进行，所以又称“打擂台”。

原始社会时期，人们为了获取生活资料，逐渐学会了使用拳打、脚踢、绊摔、擒拿等动作“手格猛兽”。尤其是私有制萌发后，部落间的战争使人与人斗的技术不断发展。《礼记·正制》载：“凡执技论力，适四方，赢股肱，决射御”，表明已经有了用“执技论力”、“赢股肱”来决定胜负的相搏之技。《释名》释：“相搏，搏谓广搏以占之也。然举手要，终在扑也。”

1975午在湖北江陵县凤凰山出土的秦墓中发现一木蓖，弧形背面有彩绘的“手搏”比赛场面。画面上有二男子，着短裤，腰间束带，足穿翘头鞋。右边两人正在进行“手搏”比赛，左边一人双手前伸，作裁判状；台上挂有帷幕飘带，表示比赛在台上的帷幕中进行。整个比赛紧张热烈，一方猛击对方头部，另一方闪躲后用弓步冲拳还击。汉代手搏也叫“弁”、“卞”。四川新都出土的汉画有手搏对峙形象。

隋唐五代时手搏、角抵备受重视，宋代之时手搏作为强身、活动手足的重要手段。

1928年10月28日，中央国术馆在南京举办“第一届国术国考”，比赛为期10天，参加者是国术馆的教师和学生。国考设有散手比赛，采取双败淘汰制，三局两胜。打法不限流派，不以体重分级，临时抽签分组比赛；其规则要点是不带任何护具；凡用手、肘、脚、膝击中对方任何部位得一点；

凡击中对方眼部、喉部、裆部为犯规，犯规三次，取消比赛资格，严重者，一次取消资格。

1933年，在南京举办的“全国运动大会”，散手比赛以性别分组，按体重分级，并带有护具(用棒球的护胸和足球的护腿)；头和裆部是禁区，击中者算做犯规；将对方击倒胜一局，三局两胜，无时间限制。

1933 年中央国术馆在南京举办“第二届国术国考”，大部分省市都派有代表参加，人数不限，有的代表队多达百人。项目有男、女散手，男、女短兵，中国式摔跤和国际拳击。散手以点到为止，没时间限制，凡用手和脚踢中对方任何部位为得一点。

1952年，武术正式被列为推广项目，将武术套路运动形式作为推广、表演和竞赛的重点。散手只在民间有所流传。

1979年3月，原国家体委决定在浙江省体委、北京体育学院和武汉体育学院三个单位进行武术散手项目的试点训练，以便取得经验后逐步向全国推广。同年5月，在南宁举行的全国武术观摩交流大会上，试点单位作了汇报表演。9月，在第四届全国运动会上，原国家体委又调集浙江省和北京体院散手代表队赴石家庄赛区，与河北省体委选拔组成的散手队进行了公开表演，在此基础上，初步拟定了武术散手的竞赛办法。

1980年5月太原市举行的全国武术观摩交流大会上，进行散手表演的省、市较前增多，同时北京体院和武汉体院进行了内部技术交流和座谈，为武术散手技术的规范和提高起到了促进作用。同年10月，在昆明举行的全国武术表演赛期间，原国家体委调集了散手试点单位的负责人及有关人员，着手研究和讨论全国散手竞赛规则的工作，并拟定了《全国武术散手竞赛规则(征求意见稿)》。

1981年5月，在沈阳市举行的全国武术观摩交流大会上，北京体院与武汉体院进行了第一次公开对抗表演赛。1982年1月，原国家体委又调集北京、山东、河北、广东等省体委及北京体院、武汉体院有关人员，在北京召开了全国散手竞赛规则研讨会，确定了《全国武术散手竞赛规则(初稿)》，并按体重分设9个级别。随后按照这个规则，在北京举行了全国武术对抗项目(散手)邀请赛。

1988年兰州举行的散手表演赛上。开始采用设台比武的办法，从而确定了以擂台为民族特色的武术对抗项目竞赛形式。

1989年原国家体委把散手列为全国正式竞赛项目，同年出版发行了《武术散手竞赛规则》，并依照规则在江西宜春市举行第一次散手正式比赛——全国武术散手擂台赛。

1990年，原国家体委正式公布实施了《武术散手技术等级标准》。同年批准了14名散手武英级运动员。中国武术散手裁判员队伍，经过数年的实践和努力初步形成体系。同年，经过考核，原国家体委又批准了第一批国家级武术散手裁判员。而且散手比赛的评分也采用电子计分器。

1991 年，全国武术散手比赛分为上半年举行的全国武术散手锦标赛(团体赛)和下半年举行的全国武术散手锦标赛(个人赛)。1993年，散手比赛被列为全国运动会竞赛项目。

1998 年，散手比赛被列为在泰国曼谷举行的第12届亚运动会竞赛项目。

目前，武术散手的竞赛、规则、教学、训练、裁判已初步形成较为系统的组织程序和体系，武术散手运动的发展，必将推动和加快中国武术走向世界的步伐。

附录：明清武术典籍精选

一、唐顺之《武编·拳》

拳有势者，所以为变化也。横邪侧面，起立走伏，皆有墙户，可以守，可以攻，故谓之势。拳有定势，而用时则无定势。然当其用也，变无定势，而实不失势，故谓之把势。作势之时，有虚有实，所谓惊法者虚，所谓取法者实也。似惊而实取，似取而实惊，虚实之用，妙存乎人。故拳家不可执泥里外圈、长短打之说，要须完备透晓，乃为作手。技欲精、欲多；用欲熟、欲駛、欲狠。两精则多者胜，两多则熟者胜，两熟则駛与狠者胜。数者备矣，乃可较敌。

一家：数温家长打，七十二行着，二十四寻腿，三十六合锁。赵太祖长拳多用腿。山西刘短打，用头肘六套；长(研按：“长”疑为“张”之误)短打六套，用手用低腿；吕短打六套。赵太祖长拳，山东专习，江南亦多习之。三家短打(按即刘、张、吕)，钺(按:“钺”在此似应读作“越”，乃地域概念)亦颇能，温家拳则钺(越)所专习。家有谱，今不能尽述也，略具数节如后。

一势：四平势、井阑四平势、高探马势、指裆势、一条鞭势、七星势、骑虎势、地龙势、一撒步势、拗步势。

长拳变势，短打不变势，逼近用短打，若远开则用长拳。行着既晓，短打复会，行着，短不及长矣。

一手：有上中下，切斫勾扳搀金手，高立格扬逼攻抖，盘旋左右脚来踏，调出五横三推肘。你行当面我行傍，你行傍来我直走，倘君恶狠奔当胸，风雷绞砲劈挂手。腾槌手，双打双砍双过肘，左右走手怕边拳，调出飞虹忽捉手，喝声打上下头虚，顾下还须上捉手。只些真诀是原传，还有通仙六支手。旗鼓拳，闪横拗步脚上前，高怕黄莺双拍手，低怕撩阴跨裆拳，挨靠紧追休脱手，会使斜横抢半边。

长拳行着，凡打法，行着多从探马起。直行虎，打法三着打左右，七星拗步高探马。惊法：右腿蹴惊，右手斩手，左手飞拳上脸，连右手拳一齐再发，搭脚进步高探马，左拳哄脸，右腿低弹，左腿右拳飞拳上脸，倒身一踏倒插幡，高探马专打高探马，右腿惊左腿，左腿上踏，玉女穿针，高探马变一条鞭。右拳惊，右腿随拳窝里暗出，倒马鎈，四平变身法，回声勒马听风。诸势俱打一腿，六腿左右通用，本家俱有短腿可破，又有还腿可用。一钻：左上右钻，右上左钻。一踏：左颠右踏，右颠左踏；左偷右踏，右偷左踏。一鎈，一蹴，一挂，一跟，一低弹。演法：凡学腿，先虚学，踢开腿后，依法演习。钻腿：虚学(按：似有脱漏文)。踏腿：悬米袋或蒲团。学鎈腿：虚学，或用柱挂。蹴腿：虚学，或用挂柱。腿用柱(按：此处三字似多余)。学跟腿：虚踢，后用柱式。弹腿：用三尺长凳竖立，或用石礅，在平地上学。

圆光手，四平手，腮肩手，高搭手，沉坠手。勾脚行着，短打长拳，卧鱼脚，踶一脚，鬼撮脚，伸一脚。俱右，俱用铁门拴，即抢壁卧，番身，双腿打重不倒身。

站法：脚尖正背人，腿起如马踢，为椿(按：同踏)腿。平踢为弹腿。习弹腿便捷，用櫈以脚，凳竖地上，弹腿踢去，取平行不倒为度。习弹腿力，用磉石，以踢远磉石为度。习踏腿，虚腿：用糠悬梁上，踏腿高踢去，复还，以俱腰力为主度；习踏腿实腿：用柱，以踏腿踢柱上，尽力为度。钩腿：指拳腿(按：“拳腿”似应为“腿脚”)湾向里，习踏腿则有力。

绵张拳护胸、胁、腰。温拳护头、面、颈。脚要打高，手亦取高，专用脚，以手辅之。手不能当脚，脚起半边虚。说不着。温家：高脚拄下用脚接，低脚踢上用脚断。长拳：张拳设套，待彼入套。本家(按：似指温家)设套，待改调处，疾、迟、痴、死四胜。

二、戚继光《纪效新书·拳经捷要篇》

[题解]此艺不甚预于兵，能有余力，则亦武门所当习。但众之不能强者，亦听其所便耳。于是以此为诸篇之末，第十四。

[正文] 拳法似无预于大战之技，然活动手足，惯勤肢体，此为初学入艺之门也。故存于后以备一家。

学拳要身法活便，手法便利，脚法轻固，进退得宜。腿可飞腾，而其妙也；颠番倒插，而其猛也；披劈横拳，而其快也；活捉朝天，而其柔也。知当斜闪。故择其拳之善者三十二势，势势相承。遇敌制胜，变化无穷。微妙莫测，窈焉冥焉，人不得而窥者谓之神。俗云："拳打不知"。是迅雷不及掩耳，所谓"不招不架，只是一下，犯了招架，就有十下"。博记广学，多算而胜。

古今拳家，宋太祖有三十二势长拳，又有六步拳、猴拳、囮拳，名势各有所称，而实大同小异。至今之温家七十二行拳，三十六合锁，二十四弃探马，八闪翻，十二短，此亦善之善者也。吕红八下虽刚，未及绵张短打。山东李半天之腿，鹰爪王之拿，千跌张之跌，张伯敬之打。少林寺之棍，与青田棍法相兼，杨氏枪法与巴子拳棍，皆今之有名者。虽各有所长，然传有上而无下，有下而无上，就可取胜于人，此不过偏于一隅。若以各家拳法兼而习之，正如常山蛇阵法，击首则尾应，击尾则首应，击其身而首尾相应。此谓上下周全，无有不胜。

大抵拳、棍、刀、枪、叉、钯、剑、戟、弓矢、钩镰、挨牌之类，莫不先有拳法活动身手。其拳也，为武艺之源！今绘之以势，注之以诀，以启后学。既得艺，必试敌，切不可以胜负为愧为奇，当思何以胜之，何以败之，勉而久试。怯敌还是艺浅，善战必定艺精。古云："艺高人胆大。"信不诬也。

余在舟山公署，得参戎刘草堂打拳，所谓“犯了招架，便是十下”之谓也，此最妙，即棍中之连打连戳一法。

三、吴殳《手臂录》（节选）

马家枪考

王圻《续文献通考》云：“枪之家十有七，曰杨家三十六路花枪，其分出者，有大闪竿、小闪竿、大六合、小六合、穿心六合、推红六合、埋伏六合、边拦六合、大封闭、小封闭名。曰马家枪，上十八盘、中十八盘、下十八盘。曰金家枪、曰张飞神枪、曰五显神枪、花枪七十二势。曰拐突枪、曰拐刃枪、曰锥枪，曰梭枪，曰槌枪、曰大宁笔枪、曰拒马枪、曰捣马枪、曰峨嵋枪、曰沙家十八下倒手竿子。曰紫金标，曰地蛇枪。”余谓枪之元神只有一圈，用圈尽善者，马家、峨嵋也。尽美者，沙家、杨家也。即此四家，马家、峨嵋合而为一。沙得马之少分，杨又两取于其间，则四家本一家也。余十三家何以为枪法，不圈非枪，圈则不出峨嵋矣。张飞、拒马之类，不过一时口语所成，非真有十七家之法也。马家枪，敬岩虽以自名，而绝无上十八盘等法，则其余马家尚属传疑。程真如亲得于峨嵋，确有可据，而枪法与敬岩悉同，则敬岩亦峨嵋矣。至于杨家、马家之人、之时、之地、皆无可考。沙则关中卫职，峨嵋则僧普恩，普恩、真如亲受业者也。真如小于敬岩十余年，敬岩以崇祯乙亥卒，年六十外。

六家枪法说

敬岩木枪长九尺七寸，根大盈把，尖径半寸，腰劲如铁，重须十斤。沙家竹竿子长丈八至二丈四。杨家木枪丈四为正，加至丈六。夫枪腰长者软，短者劲，用法由此而分也，石家枪之用在两腕，臂以助腕，身以助臂，足以助身，乃合而为一矣。沙家枪之用在两足，身随其足，臂随其身，腕随其臂，乃合而为一，杨家从短枪而变，加长四尺，其法亦兼取短枪竿子之法，以自成一家之学耳。

石家之用在腕者，何也？两腕封闭，阴阳互转，百法藏于其中，神妙莫测，为枪之元神也。臂以助腕者，以臂之高下伸缩，助腕之阴阳互换也。身以助臂者，以身之蹲立前后，助臂之高下伸缩也。足以助身者，前后左右，稍稍移动，以脱彼枪尖，非剪刀步，十字步也，此峨嵋大意也。

沙家之用在足者，何也？竿子长软，两腕虽阴阳互换，但可以助顺臂力使无倔强，实不能以根制头，故拿拦尽处，枪尖正摇，戳即斜去，摇定而戳。彼已走出，苟非十字步追之，戳何能及。其实枪之胜负，全在足之迟速。硬枪妙在进，进则杀。软枪妙在退，退则活。足不如风，不能进退，是竿子之用在足也。身以助足者，探前以助进势，倒后以助退势也。臂以助身，腕以助臂者，身足即熟，则腕臂不过用峨嵋封闭之绪余而已足也。此沙家大意也。

杨家兼用沙家之足与势者，何也？杨家阴阳互转，与峨嵋同，但长则利于伤人，而亦苦于外重，根不能制其尖，运用不能如峨嵋之灵，此乃器之本然，虽大力者不能强也。于是铺张展布，以灵其运用，不得不借径于脚步，倚局于立势，不觉不知，滥竽子之陈设，失峨嵋之精义。然犹纯乎其枪，未尝兼棍带打也。其名所以特著者，长则易于得胜，学之者必多，其封闭工夫，不须如峨嵋之移山填海，学之者又易，得峨嵋法者何人？而能察其失精义哉？所以杨家枪之名，惊天动地，人人振而矜之也。

其余峨嵋，尚犹二帝之变而三王所离无几者也。而夏禹传子，商汤惭德，武王非圣，人有言之者焉。此三家枪法之大端也。比而论之，学峨嵋者，练习之功至于十分，则沙家望而却走。功亏一篑，犹为沙枪得半者所困。此至人绝业，不为世用，不可遗之人人者也。杨法学之易而用之利，大有益于行阵，又何間然。沙法学者功力与杨正等，而更长则更利，尤行阵所宜也。

又前三家皆枪，皆不杂棍。峨嵋贱棍不屑杂，沙家体长不可杂，杨家旁溢于沙，不旁溢于棍，法勾足用，不须杂。至于马家与少林则不然，王降而伯矣。少林之八母，鱼龙平列，已失枪家正眼，其广布诸势，全落棍法。马家之诸六合枪及二十四势，名目甚繁，少枪多棍。马家与少林品类正同，而所以致此着则异。马法本出于杨，而加之击打，枪为神骨而棍为皮肉，以杂乱之，少林自擅棍家绝业，意不能已于枪，而又自矜其名，不肯外学，乃移其棍法中之似枪者，益扩充以为枪，终为朱紫之相乱。所不足处又纯用棍法，盖棍为神骨与肉，而枪为之皮，其混杂视马犹甚矣。少林虽以棍为枪，而如洪转者，犹知以柔克刚，以弱制强之意。冲斗学于少林，惟取其刚强者，以自立一门，又非少林之法也。

四、《拳经》（节选）

横秋　张孔昭　述

在东　曹焕斗　注

拳法之由来，本于少林寺。自宋太祖学于其中，而名遂传天下。其后温家有七十二行拳，三十六合锁，二十四弃探马，八闪番，有十二短打，吕红有八下之刚，山东有李半天之腿，鹰抓王之拿，张敬伯之打，此皆名传海内，名得其妙之者也。然或有上而无下，或有下而无上，惟能取胜于人，未可概为全美。至于张鸣鄂者，生平极好武艺。于是挟重资，游海内，遍访名家。或慕其下盘之善，而效其下焉；羡其上架之美，而学其上焉。兼而习之，久而化焉，遂独成其一家，真所谓善之善者也。爰编成一帖，以启后学，百法皆备。有志其业者，务以意会，法以神传，必当竭尽至力。须宜实致其功，粗事细磨，断不可用努筋突骨之功，而致百身之病。舒筋舒脉之谓何？而猥知卤莽，是彰乎知。此则临敌应变，无不可以取胜于人，此所谓千金不可换也。宝之慎之，无视以为戏玩也。

五、王宗岳《太极拳论》

太极者，无极而生，阴阳之母也。动之则分，静之则合。无过不及，随曲就伸。人刚我柔谓之“走”，我顺人背谓之“粘”。动急则急应，动缓则缓随。虽变化万端，而理唯一贯。由着熟而渐悟懂劲，由懂劲而阶及神明。然非用力之久，不能豁然贯通焉!

虚领顶劲，气沉丹田。不偏不倚，忽隐忽现。左重则左虚，右重则右杳。仰之则弥高，俯之则弥深。进之则愈长，退之则愈促。一羽不能加，蝇虫不能落。人不知我，我独知人。英雄所向无敌，盖皆由此而及也。

斯技旁门甚多，虽势有区别，概不外壮欺弱、慢让快耳!有力打无力，手慢让手快，是皆先天自然之能，非关学力而有为也!察“四两拨千斤”之句，显非力胜；观耄耋能御众之形，快何能为?!

立如平准，活似车轮。偏沉则随，双重则滞。每见数年纯功，不能运化者，率皆自为人制，双重之病未悟耳!

欲避此病，须知阴阳。粘即是走，走即是粘；阳不离阴，阴不离阳；阴阳相济，方为懂劲。懂劲后，愈练愈精，默识揣摩，渐至从心所欲。

本是“舍己从人”，多误“舍近求远”。所谓“差之毫厘，谬以千里”。学者不可不详辨焉！是为论。

后 记

这本书是我为武术专业学生上了十年的《中国武术史》课程后写下的。我从十岁开始习武，到1977年考入武汉体育学院武术专业学习并留校任教至今，三十多年的时间里我与武术不弃不离，已然结下不解之缘，武术已经成为我生命中不能忘却和割舍的一部分。

从技术的磨练到理论的探究，我经历了一个逐渐深入理解武术内涵和价值的过程。中国武术有着千余年的历史，至今仍是中国人精神生活中的一个充满神奇色彩的文化现象。武术蕴含着无穷的魅力，令不同地域、不同年龄、不同阶层的人们为之神往；同时它又蕴藏着许多难解之谜，让关注和喜爱它的人们往往困惑不已。从某种程度上来说，武术的这种难解之处，也是吸引人们不断探索的魅力所在。窃以为，对武术的深刻理解，一方面要通过亲身习练、获取经验和感知来实现，另一方面还必须要上升到理性的认识层面，尤其要以中国武术的发展历史作为钥匙，来打开这扇认识之门。因为，武术本身就带有鲜明的民族传统文化的印记，不学历史就难以理解；更重要的是，通过了解武术的源流和在不同时代的表现形式、武术在历朝历代的兴衰变革等，可以清晰地看到武术的演进过程同时代特征不可割裂的联系，可以看到武术中相对稳定的、具有本质特征的规律性内容，从而愈来愈接近武术的本质。武术的发展，是建立在辩证的技术哲理、富于变化和美感的套路形式、实战对抗的目标、健体强身的功用和追求精神境界不断提升的理念之上的，同时也必须符合整个时代进步、社会发展的要求，并随之调整、变革、创新。学习中国武术史，就是要学会用联系的、发展的、辩证的眼光来考察中国武术，从而科学地判断武术在当今时代的定位以及未来发展的趋势。

记得历史学家章开沅先生曾经说过："历史就是民族的灵魂。亡国，这个国家还可以复活；如果忘史，这个民族就是真正的死亡。""我们历史学家不仅是跟古人对话，也跟今人对话，还要跟未来对话。史学是连接过去、现在和未来的桥梁，我们就是这桥梁的建设者。"（"走自己的路——中国史学的前途"《新华文摘》2005年18期）武术的历史又何尝不是如此呢！"以史为鉴，可以知兴替"，了解历史，并非简单地向前看，而是为了了解规律、能更好地把握现在和将来。武术的发展也必须做到把握时代性、体现规律性、富于创造性，要知道该坚持的是什么、该舍弃的是什么、该创新的是什么，这样才能保持旺盛的生命和活力。

我不是武术历史学家，只是作为一名武术工作者，我深深地热爱武术。十年前我和江百龙、李宁两位老师一起编写《中国武术史略》的时候，得到了二位老师的悉心指导，受益匪浅。今日在《中国武术史概要》一书的撰写和出版过程中又得到了家人、朋友、同事和学生们的极大支持，鼓励和帮助，在此深表谢意！同时，在本书的撰写过程中，参阅和引用了许多学者的研究成果，在此谨向他们致以衷心的感谢和深深的敬意！

2006年1月

主要参考书目

1.林伯源.中国武术史.北京：北京体育大学出版社，1994

2.樊树志.国史概要.上海：复旦大学出版社，2000

3.马明达.说剑丛稿.兰州：兰州大学出版社，2000

4.卢丽娟等编.上海精武体育总会会史.

5.葛剑雄.历史学是什么.北京：北京大学出版社，2002

6.程大力.中国武术历史与文化.成都：四川大学出版社，1995

7.朱孝远.史学的意蕴是什么.北京：中国人民大学出版社，2002

8.北京大学中国传统文化研究中心编.中国文化讲座丛书(第一集).北京：北京大学出版社,1994

9.程凯华.中国传统美德.武汉:长江文艺出版社，2002

10.周伟良.中国武术史.北京：高等教育出版社，2003

11.李宁，江百龙.中国武术史略.北京：人民体育出版社，1996

12.江百龙.武当拳之研究.北京:北京体育学院出版社，1992

13.余水清，梅汉超.中国文化概论.武汉：湖北科学技术出版社，2000

14.松田隆志.中国武术史略.成都：四川科学技术出版社，1984

15.习云太.中国武术史.北京：人民体育出版社，1985

16.赵国庆，张克俭.中国武术史话.武汉：湖北人民出版社，2000

17.黄仁宇.万历十五年.北京：中华书局，1982

18.国家体委武术研究院编纂.中国武术史.北京：人民体育出版社，1996

19.陈山.中国武侠史.上海：三联书店上海分店，1992

20.罗梦山编译.山海经.北京：宗教文化出版社，2002

21.温玉成.少林访古.天津：百花文艺出版社，1999

22.第三届孙子兵法国际研讨会论文精选.孙子探胜.北京：军事科学出版社，1992

23.旷文楠.中国武术文化概论.成都：四川教育出版社，1990

24.吴兆基编译.诗经.北京：长城出版社，1999

25.颜元著.颜元集.北京：中华书局，1987

26.吴图南.国术概论.北京：北京市中国书店，1984

27.陆草.中国武术.广州：广东旅游出版社，1996

28.周纬.中国兵器史稿.北京：三联书店，1957

29.庞玉森.中央国术馆史.合肥：黄山书社，1996

30.中国武术协会编著.中华武术图典.北京：人民体育出版社，1998

31.成东,钟少异.中国古代兵器图集.北京：解放军出版社，1990

32.二十五史.上海：上海古籍出版社，上海书店，1986

33.庄子.南华经.西安：三秦出版社，1996

34.唐豪.中国武艺图籍考.上海：上海现代印书馆，1940

35.徐哲东.国技论略.上海：商务印书馆，1930

36.张岱年等.中国文化概论.北京：北京师范大学出版社，1994

37.谢祥皓.中国兵学.济南：山东人民出版社，1998

38.林伯原.明代武术发展状况之初探.体育科学，1982[3]

39.温力.中国武术概论.北京：人民体育出版社，2005

40.莫朝迈.明代武术的全面成熟.中华武术，1986[1]

41.林伯源.论明清时期少林寺拳法的发展与传播.北京体院学报，1991[3]

42.唐豪.戚继光拳经的研究及其评价.1935

43.江百龙.明清武术典籍拳论之成就论析.武汉体育学院学报，1998[1]

44.江百龙.《苌氏武技书》的拳学成就与特点.武汉体育学院学报，2002[1]

45.余水清.明清武术论著概述与主要成就研究.体育科学，2004[8]

46.陈青山.《孙子兵法》与明代武术经典论著的比较研究.武汉体育学院学报，2002[1]